Reina Valera
New Testament of the Bible
1602

Gospel of St. Matthew

Introducción a la Valera 1602.

Español castellano en el siglo 16 todavía se estaba en proceso de formación como idioma impreso. Por lo tanto, ediciones impresas de esa época tienen la tendencia a variar mucho en ortografía y puntuación. Digitalizando ediciones originales de Enzinas, Reina, y Valera requirió de algunas decisiones de nuestra parte en cuanto a cuales peculiaridades deberían ser retenidas y cuales deberían ser corregidas. Como la Valera 1602 fue extensamente copiada de la Reina 1569, pudimos usar la Reina para comparaciones, ayudándonos distinguir entre variaciones de ortografía y errores tipográficos (debido al proceso de impresión). Corregimos todos los errores tipográficos obvios y los señalamos con el circunflejo (^), sin embargo, no corregimos ningún otro tipo de error ortográfico. Tampoco corregimos variaciones donde cada uno podría ser considerada correcta. In todos estos casos nuestras correcciones de la Valera tomaron en cuenta la versión de Reina. Observa específicamente las siguientes cosas:

Algo de variación ortográfica (recebir – recibir, deellos – dellos), consonantes dobles, intercambio de la "v" y la "u" (avia – auia), intercambio ocasional de " ("s" sílaba) y "s" (término de palabra "s"), intercambio de "y" e "i"*ƒ*" aias), etc.*ƒ*ayas - I*ƒ*(I

Algunos errores ortográficos ("r" en vez de "t", "o" en vez de "e", etc). Todas las correcciones fueron basadas sobre la versión de Reina donde fue posible y señalados con el circunflejo. Alguno aparentes errores en realidad no son errores, sino curiosidades en ortografía (predicaldo en vez de predicadlo, dezildo en vez de decidlo, etc.)

Muchas aparentes errores en ortografía tienen que ver con la falta de tán), pero como las reglas de ortografía no fueron muy*ƒ*tan - e*ƒ*acentuación (e definidas en 1602 raramente los corregimos. Donde el vocal equivocado fue acentuado, sí lo corregimos y lo señalamos con el circunflejo, basando la corrección sobre la versión de Reina.

cogidos∫cipulos, Reyno – reyno, E∫cipulos - di∫Mucha variedad en mayúsculas (Di cogidos, Angels – angeles, etc.) No hicimos ninguna corrección.∫- e

iêsen, etc.) No∫Mucha variedad en acentuación: (à – á, àl – ál, tomò – tomó, qui pudimos encontrar ningún criterio constante por estas diferencias, sin embargo reprodujimos los diferentes acentos y marcas ortográficas exactamente como los encontramos.

Mucha variedad en abreviación (ÿ – que, aÿl, aquel, cõÿ – conque, hõbre – hombre, Abrahã – Abraham, etc.)

Mucha variedad en espacios (deellos – de ellos, los que – losque). Aun cuando parecía ser error no agregamos el espacio porque conjunción informal era muy común y considerada correcta. Las comas muchas veces no tienen ningún espacio posterior y punto y coma rara la vez lo tienen, a los dos se les agregó por consistencia.

Mucho error en puntuación, puntuación omitida al final de las oraciones, punto en vez de coma, etc. Corrección fueron hechas en base a la versión de Reina donde era posible. Todas las correcciones fueron señaladas con un circunflejo.

Guillermo Kincaid.

El Nvevo Testamento
Qve Es Los Escriptos
Evangelicos Y Apostolicos

El Sancto Evangelio
De Nvestro Señor Iesv Christo
Segvn S. Mattheo

CAPIT. I

LIBRO de la generacion de Iešu Chrišto hijo de David, hijo de Abraham. 2 Abraham engendrò à Išaac. Y Išaac engendrò à Iacob. Y Iacob
engendrò à Iudas, y à šus hermanos. 3 Y Iudas engendró de Thamar à
Phares y á Zarã. Y Phares engendró à Ešrom. Y Ešrom engendró à
Aram.

4 Y Aram engendró à Aminadab. Y Aminadab engendró à Naašon. Y
Naašon engendró à Salmon.

5 Y Salmon engendró de Raab à Booz. Y Booz engendró de Ruth à
Obed. Y Obed engendró à Iešše.

6 Y Iešše engendró àl rey David. Y el rey David engendró à Salomon
de la [que fue muger] de Vrias.

7 Y Salomon engendró à Roboam. Y Roboam engendró à Abia. Y
Abia engendró à Aša.

8 Y Aša engendró à Iošaphat. Y Iošaphat engendró à Ioran. Y Ioran
engendró à Ozias.

9^ Y Ozias engendró à Ioathan. Y Ioathan engendró à Achaz. Y Achaz
engendró à Ezechias.

10 Y Ezechias engendró à Manašše. Y Manašše engendró à Amon. Y
Amon engendró à Iošias.

11 Y Iošias engendró <à Ioacim. Y Ioacim engëdró> à Iechonias, y à
šus hermanos en la tranšmigracion de Babylonia.

12 Y dešpues de la tranšmigracion de Babylonia Iechonias engendró à
Salathiel. Y Salathiel engendró à Zorobabel.

13 Y Zorobabel engendró à Abiud. Y Abiud engendró à Eliacim. Y
Eliacim engendró à Azor.

14 Y Azor engendró à Sadoc. Y Sadoc engendró à Achin. Y Achin
engendró à Eliud.

15 Y Eliud engendró à Eleazar. Y Eleazar engendró à Mathan. Y Mathan engendró à Iacob.

16 Y Iacob engendró à Iošeph marido de Maria, de la qual naciò
IESVS, el qual es llamado, el CHRISTO.

17 Demanera que todas las generaciones dešde Abraham hašta David, [šon] catorze generaciones. Y dešde David hašta la tranšmigracion de Babylonia, catorze generaciones. Y dešde la tranšmigracion de Babylonia hašta Chrišto, catorze generaciones.

18 Y el nacimiento de IESV Chrišto fue anši: Que šiendo Maria šu madre dešpošada con Iošeph, antes que še juntaššen, fue hallada eštar preñada del Ešpiritu Sanckto.

19 Y Iošeph šu marido, como era jušto, y no la quišiešše infamar, quišola dexar šecretamente.

20 Y penšando el ešto, heaqui que el Angel del Señor le apparece en šueños, diziendo: Iošeph hijo de David no temas de^ recibir à Maria tu muger: porque lo que en ella es engendrado, del Ešpiritu Sanckto es.

21 Y parirá hijo, y llamarás šu nombre IESVS: porque el šalvará šu Pueblo de šus peccados.

22 Todo ešto aconteciò paraque še cumpliešše lo que fue dicho por el Señor por el Propheta que dixo,

23 Heaqui que [una] Virgen šerá preñada, y parirá hijo, y llamarás šu nombre Emmanuel, que es ši lo declâres, Con nošotros Dios.

24 Y dešpertado Iošeph del šueño, hizo como el Angel del Señor le avia mandado, y recibiò à šu muger.

25 Y no la conociò hašta que pariò à šu hijo Primogenito: y llamó šu nombre IESVS.

CAPIT. II.

Y Como fue nacido IESVS en Beth-lehem de Iudea en dias del rey Herodes, heaqui [que] Magos vinieron del Oriente à Ierušalem.

2 Diziendo, Dõde eštá el rey de los Iudios, que ha nacido? Porque šu eštrella avemos višto en el Oriente, y venimos á adorarlo.

3 Y oyendo ešto el rey Herodes turbòše, y toda Ierušalem con el.

4 Y convocados todos los principes de los šacerdotes, y los Ešcribas del Pueblo, preguntòles^ donde avia de nacer el Chrišto.

5 Y ellos le dixeron, En Beth-lehem de Iudea; porque anši eštá ešcripto por el Propheta:

6 Y tu Beth-lehem [de] tierra de Iuda, no eres muy pequeña entre los principes de Iuda: porque de ti šaldrá Guiador, que apacentará à mi Pueblo Išrael.

7 Entonces Herodes, llamados los Magos en šecreto, entendió deellos [diligentemente] el tiempo del aparecimiento del eštrella:

8 Y embiandolos á Beth-lehem, dixo, Andad alla, y preguntad [con diligencia] por el niño: y dešque lo hallardes, hazedmelo šaber, paraque yo venga y lo adóre^.

9 Y ellos, aviendo oydo ál rey, fuerõše: y heaqui que la eštrella, ÿ avian višto en el Oriente, y va delante dellos, haštaque llegãdo še pušo šobre donde eštaba el niño.

10 Y višta la eštrella gozaronše mucho de gran gozo.

11 Y entrando en la caša, hallâron ál niño con šu madre Maria: y poštrandoše, adoráronlo: y abriendo šus thešoros, offrecieronle dones, oro, y encienšo, y myrrha.

12 Y šiendo avišados por revelacion en šueños, que no bolvieššen à Herodes, bolvieronše à šu tierra por otro camino.

13 Y partidos ellos, heaqui el Angel del Señor apparece en šueños à Iošeph, diziendo, Levantate, y toma ál niño y à šu madre, y huye à Egypto, y eštàte allá, hašta que [yo] te [lo] diga: porque ha de acontecer, que Herodes buščará àl niño para matarlo.

14 Y dešpertando el, tomó al niño y à šu madre de noche: y fueše à Egypto:

15 Y eštuvo allá hašta la muerte de Herodes: paraque še cumplieššе lo ÿ fue dicho por el Señor por el Propheta, ÿ dixo, De Egypto llamé mi Hijo.

16 Herodes entonces, como še vido burlado de los Magos enojóše mucho: y embió, y mató todos los niños que avia en Beth-lehë, y en todos šus terminos, de edad de dos años à baxo, cõforme al tiempo que avia entendido de los Magos.

17 Entonces fue cumplido loque fue dicho por el Señor por el propheta Ieremias, que dixo,

18 Boz fue oyda en Rhamá, lamentacion, lloro, y gemido grande: Rachel que llora šus hijos: y no quišo šer consolada, porque perecieron.

19 Mas muerto Herodes, heaqui el Angel del Señor apparece en šueños à Iošeph en Egypto.

20 Diziendo, Levantate, y toma al niño, y à šu madre, y vete à tierra de Išrael; que muertos šon los que procuravan la muerte del niño.

21 Entonces el še levantò, y tomó al niño, y à šu madre, y vinoše à tierra de Išrael.

22 Y oyendo que Archelao reynava en Iudea por Herodes šu padre, uvo temor de yr allá: mas amoneštado por revelaciõ en šueños, še fue à las partes de Galilea.

23 Y vino, y habitò en la ciudad ÿ še llama Nazareth: paraque še cumpliešše loÿ fue dicho por los Prophetas, que avia de šer llamado Nazareo.

CAPIT. III.

Y En aquellos dias vino Ioan el Baptišta predicando en el dešierto de Iudea,

2 Y diziendo, Emmendaos, que el Reyno de los cielos še acerca.

3 Porque ešte es aquel del qual fue dicho por el propheta Išayas, que dixo, Boz delque clama enel dešierto. Aparejad el camino del Señor, endereçad šus veredas.

4 Y tenia Ioan šu veštido de pelos de camellos, y [una] cinta de cuero arredor de šus lomos: y šu comida era langoštas, y miel montés.

5 Entonces šalia à el Ierušalem, y toda Iudea, y toda la provincia de alderredor del Iordan.

6 Y eran baptizados deel en el Iordan, confeššando šus peccados.

7 Y viendo el muchos de los Pharišeos y de los Sadduceos, que venian à šu baptišmo, deziales. Generacion de bivoras, quien os ha enšeñado à huyr de la yra que vendrá?

8 Hazed pues frutos dignos de converšion.

9 Y no penšeys à deziros, A Abraham tenemos por padre: porque yo os digo, que puede Dios dešpertar hijos à Abraham aun deštas piedras.

10 Aora, ya tambien la hacha eštá puešta à la rayz de los arboles: y todo arbol que no haze buen fruto, es cortado^ y echado en el fuego.

11 Yo à la verdad os baptizo en agua para cõveršion: mas el que viene tras mi, mas poderošo es que yo: los çapatos del qual yo no šoy digno de llevar. El os baptizará en Ešpiritu Sanckto y fuego:

12 Su ablentador en šu mano, y ablentará šu era: y allegará šu trigo en el alholi, y quemará la paja en fuego que nunca še apagará.

13 Entonces IESVS vino de Galilea à Ioan àl Iordan, para šer baptizado de el.

14 Mas Ioan le rešištia mucho diziendo, Yo he menešter de šer baptizado de ti, y tu vienes à mi?

15 Empero reŝpondiendo IESVS le dixo, Dexa aora: porque anŝi nos conviene cumplir toda juŝticia. Entonces lo dexó.

16 Y IESVS deŝque fue baptizado ŝubió luego del agua, y heaqui los cielos le fueron abiertos, y vido àl Eŝpiritu de Dios que decendia, como paloma, y venia ŝobre el.

17 Y heaqui [una] boz de los cielos que dezia, Eŝte es mi hijo amado enel qual tengo contentamiento.

CAPIT. IIII.

Entonces IESVS fue llevado del Eŝpiritu àl deŝierto, para ŝer tentado del diablo.

2 Y aviendo ayunado quarẽta dias y quarenta noches, deŝpues tuvo hambre.

3 Y llegandoŝe à el el Tentador, dixo, Si eres Hijos de Dios, di que eŝtas piedras ŝe hagan pan.

4 Mas el reŝpondiendo, dixo: Eŝcripto eŝtá, No con ŝolo el pan bivirá el hombre: mas contoda palabra que ŝale por la boca de Dios.

5 Entõces el diablo lo paŝŝa à la ŝanckta ciudad; y puŝolo ŝobre las almenas del Templo:

6 Y dixole, Si eres Hijo de Dios, echate [de aqui] abaxo: que eŝcripto eŝtá, Que à ŝus angeles mandará por ti: y alçartehán en las manos, paraÿ nunca trompieces [con] tu pie à piedra.

7 IESVS le dixo, Otra vez eŝtá eŝcripto, No tentarás ál Señor tu Dios.

8 Otra vez lo paŝŝa el diablo à un monte muy alto, y mueŝtrale todos los reynos del mundo, y ŝu gloria:

9 Y dizele, Todo eŝto te daré, ŝi poŝtrado me adoráres.

10 Entonces IESVS le dize: Vete Satanas: que eŝcripto^ eŝtá, Al Señor tu Dios adorarás, y à el ŝolo ŝervirás.

11 El diablo entõces lo dexó: y heaqui los angeles llegâron, y ŝervianle.

12 Mas oyendo Ieŝus que Ioan era preŝo, bolvióŝe à Galilea:

13 Y dexando à Nazareth, vino y habitó en Capernaum [ciudad] maritima, en los confines de Zabulon y de Nephthali:

14 Paraque ŝe cumplieŝŝe lo que fue dicho por el propheta Iŝayas, que dixo,

15 La tierra de Zabulon, y la tierra de Nephthali, camino de la mar, de la otra parte del Iordã, Galilea de las Gentes:

16 Pueblo aššentado en tinieblas, vido grã luz: y los aššentados en region de šombra de muerte, luz les ešclareció.

17 Dešde entonces començò Iešus à predicar, y à dezir: Emmendaos, que el reyno de los cielos, še ha acercado.

18 Y andando IESVS junto à la mar de Galilea vido dos hermanos, Simon, que es llamado Pedro, y Andres šu hermano, que echavan la red en la mar: porque eran peščadores.

19 Y dizeles, Venid en pos de mi, y hazeroshé peščadores de hombres.

20 Ellos entonces, dexando luego las redes, lo šiguieron.

21 Y paššando de alli, vido otros dos hermanos, Iacobo hijo de Zebedeo, y Ioan šu hermano, en la nave con Zebedeo, šu padre, que remendavan šus redes; y llamòlos.

22 Y ellos luego, dexando la nave, y à šu padre, lo šiguieron.

23 Y rodeó Iešus à toda Galilea enšeñãdo en las šynogas deellos, y predicando el Evangelio del Reyno: y šanando toda enfermedad, y toda flaqueza en el pueblo.

24 Y corria šu fama por toda la Syria: y trayan à el todos los que tenian mal, los tomados de diveršas enfermedades, y tormentos, y los endemoniados, y lunaticos, y perlaticos: y šanavalos.

25 Y šeguianle muchas compañas de Galilea, y de Decapolis, y de Ierušalem, y de Iudea, y de la otra parte del Iordan.

CAPIT. V.

Y Viendo IESVS las compañas, šubió en el monte; y šentandoše el, llegaronše à el šus Dišcipulos.

2 Y abriendo [el] šu boca, enšeñavalos diziendo:

3 Bienaventurados los Pobres en Ešpiritu: porque deellos es el Reyno de los cielos.

4 Bienaventurados los Trištes: porque ellos recibirán congolacion.

5 Bienaventurados los Manšos: porque ellos recibirán la tierra por heredád.

6 Bienaventurados losque tienen hambre y šed de jušticia: porque ellos šerán hartos.

7 Bienaventurados los Mišericordiošos: porque ellos alcançarán mišericordia.

8 Bienaventurados los de limpio coraçon: porque ellos verán à Dios.

9 Bienaventurados los Pacificos: porque ellos šerán llamados hijos de Dios.

10 Bienaventurados los que padecen peršecucion por cauša de la juštícia: porque de ellos es el Reyno de los cielos.

11 Bienauenturados^ šoys, quando dixerë mal de vošotros, y [os] peršiguieren, y dixeren de vošotros todo mal por mi cauša, mintiendo.

12 Gozaos, y alegraos; porque vueštro šalario es grande en los cielos: que anši peršiguieron à los prophetas que^ [fueron] antes de vošotros.

13 Vošotros šoys Sal de la tierra: y ši la šal še dešvaneciêre, cõÿ šerá šalada? no vale mas para nada; šino ÿ šea echada fuera, y šea hollada de los hõbres.

14 Vošotros šoys Luz del mundo. la ciudad aššentada šobre el monte no še puede ešconder:

15 Ni še enciende el candil, y še pone debaxo de un almud: mas en el candelero, y alumbra à todos lošque eštan en caša.

16 Anši [pues] alumbre vueštra luz delante de los hombres: paraque vean vueštras obras buenas, y glorifiquen à vueštro Padre, que eštá en los cielos.

17 No penšeys que he venido para dešatar la Ley, o los prophetas: no he venido para dešatar [la], mas para cumplirla.

18 Porque decierto os digo, [que] haštaÿ perezca el cielo y la tierra, ni una jota, ni un tilde perecerá de la Ley que todas las cošas no šean hechas.

19 De manera que qualquiera que dešatâre uno de eštos mandamientos muy pequeños, y anši enšeñâre à los hombres, muy pequeño šerá llamado en el Reyno de los cielos. Mas qualquiera ÿ hiziêre, y enšeñâre, ešte šerá llamado grande en el reyno de los cielos.

20 Portãto [yo] os digo, que ši vueštra jušticia no fuére mayor que la de los Ešcribas y de los Pharišeos, no entrareys en el reyno de los cielos.

21 Oyštes ÿ fue dicho à los antiguos, no matarás: mas qualquiera ÿ matáre, šerá culpado de juyzio;

22 Yo pues os digo, que qualquiera que še enojáre^ locamente con šu hermano, šerá culpado de juyzio: Y qualquiera que dixere à šu herma-

no, Raka, šerá culpado de ayuntamiento: y qualquiera que [à šu hermano] dixére, Loco, šerá culpado del quemadero del fuego.

23 Portanto ši truxeres tu Prešente al altar, y alli te acordàres, que tu hermano tiene algo contra ti:

24 Dexa alli tu Prešente delante del altar, y vé: buelve primero en amištad con tu hermano, y entonces ve, y offréce tu Prešente.

25 Sé amigo de tu adveršario prešto, entretanto que eštás con el en el camino: porque no acontezca que el adveršario te entregue ál juez, y el juez te entregue àl alguazil; y šeas echado en prišion:

26 Decierto te digo, que no šaldrás de alli, hašta que pagues el poštrer cornado.

27 Oyštes que fue dicho à los antiguos, No adulterarás:

28 Yo pues os digo, ÿ qualquiera ÿ mira la muger para cudiciarla, ya adulteró cõ ella en šu coraçon.

29 Portanto ši tu ojo derecho te fuêre ocašion de caer, šacalo, y echalo de ti: que mejor te es que še pierde uno de tus miembros, que no que todo tu cuerpo šea echado àl quemadero.

30 Y ši tu ojo derecho te fuére ocašion de caer, cortala, y echala de ti: que mejor te es, que še pierda uno de tus miembros, que no que todo tu cuerpo šea echado al quemadero.

31 Tambien fue dicho, Qualquiera que embiàre šu muger, dé le carta de divorcio.

32 Mas yo os digo, que elque embiâre šu muger, fuera de caušа de fornicacion, haze que ella adultere: y elque še cašare con la embiada, comete adulterio.

33 Item, oyštes que fue dicho à los antiguos, No te perjurarás: mas pagarás àl Señor tus juramentos.

34 Yo pues os digo, No jureys en ninguna manera, ni por el cielo, porque es el throno de Dios:

35 Ni por la tierra, porque es el eštrado de šus pies; ni por Ierušalem, porque es ciudad del Gran Rey.

36 Ni por tu cabeça jurarás: porque no puedes hazer un cabello blanco o negro.

37 Mas šea vueštro hablar, Si, ši: No, no: porque lo que es mas deešto, de mal procede.

38 Oyštes que fue dicho à los antiguos, Ojo por ojo: y diente por diente:

39 Mas yo os digo, No rešištays con mal: antes à qualquiera que te hiriere en tu mexilla dieštra, buelvele tambien la otra.

40 Y álque quišiére ponerte à pleyto, y tomarte tu ropa, dexale tambien la capa.

41 Y à qualquiera que te cargâre por una legua, vé con el dos.

42 Alque te pidiére, dale: y àl que quišiére tomar de ti empreštado, no le refušes.

43 Oyštes que fue dicho, Amarás à tu proximo: y aborrecerás à tu enemigo:

44 Yo pues os digo, Amad à vueštros enemigos: Bendezid à losque os maldizen: hazed bien à losque os aborrecen, y orad por losque os calunian y os peršiguen:

45 Paraque šeays hijos de vueštro Padre que eštá en los cielos: ÿ haze que šu Sol šalga šobre malos y buenos: y llueve šobre juštos y injuštos.

46 Porque ši amardes à losque os aman, que šalario tëdreys? No hazen tambien lo mišmo los publicanos?

47 Y ši abraçardes à vueštros hermanos šolamente, que hazeys de mas? No hazen tambien anši los publicanos?

48 Sed pues vošotros perfecktos, como vueštro Padre, que eštá en los cielos es perfeckto.

CAPIT. VI.

Mirad que no hagays vueštra limošna delante de los hombres, paraque šeays mirados deellos: de otra manera no avreys šalario acerca de vueštro Padre que eštá en los cielos.

2 Pues quando hazes limošna, no hagas tocar trõpeta delãte de ti, como hazen lo hypocritas en las Synogas y en las plaças, para šer eštimados de los hombres: decierto os digo [que ya] tienë šu šalario.

3 Mas quando tu hazes limošna, no šepa tu yzquierda loque haze tu derecha.

4 Que šea tu limošna en šecreto: y tu Padre, que mira en lo šecreto, el te pagará en publico.

5 Y quando oráres, no šeas como los hypocritas: porque ellos aman el orar en los ayuntamientos, y en los cantones de las calles en pie: paraque šean vištos. Decierto que [ya] tienen šu šalario.

6 Mas tu, quando oras, entrate en tu camara: y cerrada tu puerta, ora à tu Padre, que eštá en šecreto: y tu Padre que vee en lo šecreto, te pagarà en publico.

7 Y orãdo, no šeays prolixos, como los Ethnicos, que pienšan que por šu parleria šerán oydos.

8 No os hagays pues šemejãtes à ellos. porque vueštro Padre šabe de que cošas teneys neceššidad, antes que vošotros le pidays.

9 Vošotros pues orareys anši: Padre nueštro, que eštás en los cielos, Se šancktificado tu Nõbre.

10 Venga tu Reyno. Se hecha tu voluntad, como en el cielo, [anši] tambien en la tierra.

11 Danos oy nueštro pan quotidiano.

12 Y šueltanos nueštras deudas, como tambien nošotros šoltamos à nueštros deudores.

13 Y no nos metas en tentacion: mas libranos de mal: porque tuyo es el Reyno, y la potencia, y la gloria, por [todos] los šiglos. Amen.

14 Porque ši šoltardes à los hombres šus offenšas, šoltaroshá tambien à vošotros vueštro Padre celeštial.

15 Mas šinò šoltardes á los hombres šus offenšas, tampoco vueštro Padre os šoltará vueštras offenšas.

16 Y quando ayunays, no šeays como los hypocritas aušteros, que demudan šus roštros para parecer à los hombres que ayunan. Decierto os digo, [que ya] tienen šu šalario.

17 Mas tu, quando ayunas, unge tu cabeça, y lava tu roštro:

18 Para no parecer à los hombres que ayunas, šino à tu Padre que eštá en šecreto: y tu Padre que vee en lo šecreto, te pagará en publico.

19 No hagays thešoros en la tierra, donde la polilla y el orin corrompe: y donde ladrones minan, y hurtan.

20 Mas hazeos thešoros en el cielo, donde ni polilla ni orin corrompe: y donde ladrones no minan ni hurtan.

21 Porque donde eštuviere vueštro thešoro, alli eštará vueštro coraçon.

22 El candil del cuerpo es el ojo: anšique ši tu ojo fuere šincero, todo tu cuerpo šerá luminošo.

23 Mas ši tu ojo fuere malo, todo tu cuerpo šerá tenebrošo. Anšique ši la lumbre que en ti ay, šon tinieblas, quantas [šerán] las mišmas tinieblas.

24 Ninguno puede šervir à dos šeñores: porque o aborrecerá àl uno, y amará àl otro: o še llegará ál uno, y menošpreciará ál otro. No podeys šervir á Dios, y à Mammon.

25 Portanto os digo, No os congoxeys por vueštra vida, que aveys de comer, o que aveys de beber: ni por vueštro cuerpo, que aveys de veštir. La vida no es mas que el alimento, y el cuerpo que el veštido?

26 Mirad á las aves del cielo, que no šiembran, ni šiegan, ni allegan en alholies, y vueštro Padre celeštial las alimenta. No šoys vošotros mucho mejores que ellas?

27 Mas quien de vošotros podrá cõgoxandoše añidir à šu eštatura un cobdo?

28 Y por el veštido porque os congoxays? Apprended [de] los lyrios del campo, como crecen: no trabajan ni hilan:

29 Mas digo os, que ni aun Salomon con toda šu gloria fue veštido anši como uno deellos.

30 Y ši la yerva del campo, que oy es, y mañana es echada en el horno, Dios la vište anši, no [hará] mucho mas à vošotros [hombres] de poca fé?

31 No os congoxeys pues diziendo, Que comeremos, o que beveremos, o conque nos cubriremos?

32 Porque las Gentes bušcan todas eštas cošas. porque vueštro Padre celeštial šabe que de todas eštas cošas teneys necešŝidad.

33 Mas bušcad primeramente el Reyno de Dios, y šu jušticia, y todas eštas cošas os šerán añididas.

34 Anšique, no os congoxeys por lo de mañana: que el mañana traerá šu congoxa; bašta àl dia šu afflicion.

CAPIT. VII.

NO juzgueys: porque tambien no šeays juzgados.

2 Porque con el juyzio que juzgays, šereys juzgados: y con la medida que medis, [con ella] os bolverán à medir.

3 Y Porque miras el arišta que eštá en el ojo de tu hermano: y no echas de ver la viga que eštá en tu ojo?

4 O como dirás à tu hermano, Ešpera echaré de tu ojo el arrišta^: y heaqui [una] viga en tu ojo?

5 Hypocrita echa primero la viga de tu ojo: y entonces mirarás en echar el arišta del ojo de tu hermano.

6 No deys lo šanckto à los perros: ni echeys vueštras perlas delante de los puercos: porque no las rehuellan con šus pies, y buelvan y os deš-pedacen.

7 Pedid, y daršeoshá. Bušcad, y hallareys. Tocad, y abriršeos há.

8 Porque qualquiera que pide, recibe: y elque bušca, halla: y àl que toca, še abre.

9 Que hombre ay de vošotros à quien ši šu hijo le pidiere pan, darle há [una] piedra?

10 Y ši le pidiere pešcado, darlehá šerpiente?

11 Pues ši vošotros, šiendo malos, šabeys dar buenas dadivas à vueš-tros hijos, vueštro Padre que eštá en los cielos quãto mas dará buenas cošas à los que piden deel?

12 Anšique, todas las cošas ÿ querriades ÿ los hombres hiziešŝen cõ vošotros, anši tambien hazed vošotros con ellos: porque ešta es la Ley, y los prophetas.

13 Entrad por la puerta eštrecha: porque el camino que lleva à perdi-cion, es ancho y ešpaciošo: y los que van por el, šon muchos.

14^ Porque la puerta es eštrecha, y angošto el camino que lleva à la vida: y pocos šon los ÿ lo hallan.

15 Tambien, Guardaos de los falšos prophetas, que vienen à vošotros con veštidos de ovejas: mas de dentro šon lobos robadores.

16 Por šus frutos los conocereys. Cogenše uvas de los ešpinos? o higos de los eščambrones?

17 Dešta manera, todo buen arbol, lleva buenos^ frutos; mas el arbol podrido, lleva malos frutos.

18 No puede el buen arbol llevar malos frutos: ni el arbol podrido lle-var buenos frutos.

19 Todo arbol que no lleva buen fruto, cortaše, y echaše en el fuego.

20 Anšique por šus frutos los conocereys.

21 No qualquiera que me dize, Señor, Señor, entrará en el Reyno de los cielos: mas el que hiziere la voluntad de mi Padre que eštá en los cielos.

22 Muchos me dirán aÿl dia, Señor, Señor, no prophetizamos [en] tu nõbre, y [en] tu nõbre šacamos demonios, y [en] tu nõbre hezimos mu-chas grãdezas?

23 Y entonces les confešŝaré, Nunca os conoci: apartaos de mi obrado-res de maldad.

24 Pues, qualquiera que me oye eštas palabras, y las haze, compararlohé ál varon prudente que edificó šu caša šobre peña.

25 Que decendió lluvia, y vinieron rios, y šoplaron vientos, y combatieron aquella caša, y no cayó: porque eštava fundada šobre peña.

26 Y qualquiera que me oye eštas palabras, y no las haze, compararlohé àl varon loco, que edificó šu caša šobre arena.

27 Que decendió lluvia, y vinieron rios, y šoplaron vientos, y hizieron impetu en aquella caša, y cayó, y fue šu ruyna grande.

28 Y fué [que] como Iešus acabó eštas palabras, las compañas še ešpantavan de šu docktrina.

29 Porÿ los enšeñava como quien tiene authoridad, y no como los Ešcribas.

CAPIT. VIII.

Y Como decendio del monte, šeguianlo muchas compañas:

2 Y heaqui un leprošo vino, y adorólo diziendo, Señor, ši quišieres, puedes me limpiar.

3 Y eštendiendo Iešus šu mano, tocólo diziendo, Quiero: šé limpio. Y luego šu lepra fue limpiada.

4 Entonces Iešus le dixo, Mira no [lo] digas à nadie: mas vé, mueštrate àl Sacerdote, y offrece el prešente que mandó Moyšen paraque les cõšte.

5 Y entrando Iešus en Capernaum, vino à el el Centurion rogandole,

6 Y diziendo, Señor, mi moço eštá echado en caša paralytico gravemente atormentado.

7 Y Iešus le dixo, Yo vendré, y lo šanaré.

8 Y rešpondió el Centurion, y dixo, Señor, no šoy digno que entres debaxo de mi techumbre: mas šolamente di con la palabra, y mi moço šanará.

9 Porque tambien yo šoy hombre debaxo de poteštad: y tengo debaxo de mi [poteštad] šoldados: y digo à ešte ,^ Vé, y vá: y àl otro, Ven, y viene: y à mi šiervo, Haz ešto, y haze [lo].^

10 Y oyendo [lo] Iešus, maravillóše: y dixo à los que [lo] šeguian, De cierto os digo, que ni aun en Išrael he hallado tanta fe.

11 Mas [yo] os digo que vendrán muchos del Oriente, y del Occidẽte, y še aššentarán [à la meša] con Abrahã, y Išaac, y Iacob, en el Reyno de los cielos:

12 Y los hijos del Reyno šerán echados^ en las tinieblas de afuera. Alli šerá el lloro, y el batimiento de dientes.

13 Entonces Iešus dixo àl Centurion: Vé, y como creyšte, šea hecho contigo. Y šu moço fue šano en el mišmo momento.

14 Y vino Iešus à caša de Pedro, y vido à šu šuegra echada en la cama, y con fiebre:

15 Y tocó šu mano, y la fiebre la dexó: y levantóše^, y širvióles.

16 Y como fue ya tarde, truxeron à el muchos endemoniados, y echó [de ellos] los demonios con la palabra, y šanó todos los enfermos:

17 Paraque še cumpliešše lo que fue dicho por el propheta Išaias, que dixo, El tomò nueštras enfermedades, y llevó [nueštras] dolencias.

18 Y viendo Iešus muchas compañas arredor de ši, mandó que še fueššen de la otra parte [del lago.]

19 Y llegóše un Eščriba, y dixole: Maeštro, šeguirtehé donde quiera que fueres.

20^ Y Iešus le dixo, Las zorras tienen cavernas, y las aves del cielo nidos: mas el Hijo del hombre no tiene donde acuešte su cabeça.

21 Y otro de šus Dišcipulos le dixo: Señor, Dame licencia que vaya primero, y entierre à mi padre.

22 Y Iešus le dixo, Sigueme, y dexa que los muertos entierren šus muertos.

23 Y entrando el en [un] navio, šus Dišcipulos lo šiguieron.

24 Y heaqui fue hecho en la mar un gran movimiento, ÿ la nao še cubria de las ondas: y el dormia.

25 Y llegandoše šus Dišcipulos dešpertarõlo, diziendo, Señor šalvanos, perecemos.

26 Y [el] les dize, Porqué temeys [hombres] de poca fe? Entonces, dešpierto reprehendió à los vientos y à la mar, y fue grande bonança.

27 Y los hombres še maravillaron diziendo, Que [hombre] es ešte, que aun los vientos y la mar lo obedecen?

28 Y como el vino de la otra parte en la provincia de los Gergešenos: vinieronle ál encuentro dos endemoniados que šalian de los šepulchros, fieros en gran manera, que nadie podia paššar por aquel camino.

29 Y heaqui clamaron, diziendo, Que tenemos contigo Iešus hijo de Dios? Has venid ya acá à moleštarnos antes de tiempo?

30 Y eſtaba lexos de ellos un hato de muchos puercos paciendo:
31 Y los demonios le rogaron diziendo, Si no echas, permittenos que vamos en aquel hato de puercos.
32 Y dixoles, Id. Y ellos ſalidos fueronſe en aÿl hato de puercos: y heaqui, todo el hato de los puercos ſe precipitó de [un] deſpeñadero en la mar, y murieron en las aguas.
33 Y los porqueros huyeron, y viniendo à la ciudad, contaron todas las coſas, y loque auia paſſado con los endemoniados.
34 Y heaqui, toda la ciudad ſalió à recebir à Ieſus: y quando lo vieron, rogavanle que ſe fueſe de ſus terminos.

CAPIT. IX.

Entonces entrando en [un] navio paſſó de la otra parte, y vino à ſu ciudad.
2 Y heaqui, le truxerõ [un] paralytico echado en [una] cama: y viendo Ieſus la fe dellos, dixo ál paralytico: Confia hijo; tus peccados te ſon perdonados.
3 Y heaqui algunos de los Eſcribas dezian dentro de ſi: Eſte blaſphema.
4 Y viendo Ieſus ſus penſamientos, dixo, Porqué penſays malas coſas en vueſtros coraçones?
5 Qual es mas facil, Dezir, Los peccados te ſon perdonados: o, dezir, Levantate y anda?
6 Mas porque ſepays que el Hijo del hombre tiene poteſtad^ en la tierra de perdonar peccados, dize entonces ál paralytico, Levantate, toma tu cama, y vete à tu caſa.
7 Entonces [el] ſe levantó, y fueſe à ſu caſa.
8 Y las compañas viendo [lo,] maravillaronſe, y glorificaron à Dios, que ovieſſe dado tal poteſtad à hombres.
9 Y paſſando Ieſus de alli, vido à un hombre, que eſtaba ſentado ál vãco [de los publicos tributos,] el qual ſe llamava Mattheo: y dizele, Sigueme. Y levantóſe, y ſiguiólo.
10 Y aconteció que eſtando el ſentado à la meſa en caſa, heaqui [que] muchos publicanos y peccadores, que avian venido, ſe ſentaron juntamente à la meſa con Ieſus y ſus diſcipulos.
11 Y viendo [eſto] los Phariſeos, dixeron à ſus diſcipulos, Porqué come vueſtro maeſtro con los publicanos y peccadores?

12 Y oyendo [lo] Ieſus, dixoles, Losque eſtan ſanos, no tienen neceſſidad de medico: ſino los enfermos.

13 Andad, antes apprended que coſa es, Miſericordia quiero, y no ſacrificio: porque no he venido à llamar los juſtos, ſino los peccadores à penitencia.

14 Entonces los diſcipulos de Ioan vienen à el, diziendo: Porqué noſotros y los Phariſeos ayunamos muchas vezes, y tus diſcipulos no ayunã?

15 Y dixoles Ieſus, Pueden los que ſon de bodas tener luto entre tanto que el eſpoſo eſtá con ellos? Mas vendrán dias, quando el eſpoſo ſerá quitado deellos, y entonces ayunarán.

16 Item, nadie echa remiendo de paño rezio en veſtido viejo: porque el tal remiendo tira del veſtido, y hazeſe peor rotura.

17 Ni echan vino nuevo en cueros viejos: de otra manera los cueros ſe rompen, y el vino ſe derrama, y pierdenſe los cueros: mas echan el vino nuevo en cueros nuevos: y lo uno y lo otro ſe conſerva juntamente.

18 Hablando el eſtas coſas à ellos, heaqui un principal vino, y adorólo, diziendo, Mi hija es muerta poco há: mas ven, y pon tu mano ſobre ella, y bivirá.

19 Y levãtóſe Ieſus, y ſiguiólo, y ſus diſcipulos.

20 Y heaqui una muger enferma de fluxo de ſangre doze años avia, llegandoſe por detrás, tocó la fimbria de ſu veſtido.

21 Porque dezia entre ſi, Si tocare ſolamente ſu veſtido, ſeré libre.

22 Mas Ieſus bolviendoſe, y mirandola, dixo, Confia hija, tu fe tehá librado. Y la muger fué libre deſde aquella hora.

23 Y venido Ieſus à caſa del principal, viendo los tañedores de flautas, y la compaña que azia bullicio,

24 Dizeles, Apartaos, que la moça no es muerta: mas duerme. Y burlavanſe deel.

25 Y como la compaña fué echada fuera, entrò, y travó de ſu mano: y la moça ſe levantó.

26 Y ſalió eſta fama por toda aquella tierra.

27 Y paſſando Ieſus de alli, ſiguieronle dos ciegos dando bozes, y diziendo, Ten miſericordia de noſotros, Hijo de David.

28 Y venido à caſa, vinieron à el los ciegos, y Ieſus les dize: Creeys que puedo hazer eſto? Ellos dizen, Si Señor.

29 Entõces tocó los ojos deellos diziendo, Conforme à vueŝtra fe os ŝea hecho.

30 Y los ojos deellos fueron abiertos: Y Ieŝus les defendiò [riguroŝa-mẽte] diziendo, Mirad, nadie [lo] ŝepa.

31 Mas ellos ŝalidos, divulgaron ŝu fama por toda aquella tierra.

32 Y ŝaliendo ellos, heaqui le truxeron un hombre mudo endemoniado:

33 Y echado fuera el demonio, el mudo habló. Y las compañas ŝe maravillaron diziendo, Nunca hà ŝido viŝta coŝa ŝemejante en Iŝrael.

34 Mas los Phariŝeos deziã, Por el principe de los demonios echa fuera los demonios.

35 Y rodeava Ieŝus por todas las ciudades y aldeas, enŝeñando en las ŝynogas deellos, y predicando el Evangelio del Reyno, y ŝanando toda enfermedad y toda flaqueza en el pueblo.

36 Y viendo las compañas, uvo miŝericordia deellas, que eran derramados y eŝparzidos, como ovejas que no tienen paŝtor.

37 Entõces dize à ŝus diŝcipulos, A la verdad la mieŝŝe es mucha: mas los obreros, pocos.

38 Rogad pues ál Señor de la mieŝŝe, que embie obreros à ŝu mieŝŝe.

CAPIT. X.

Entonces llamando ŝus doze Diŝcipulos, dióles poteŝtad contra los eŝpiritus immundos, paraque los echaŝŝen fuera, y ŝanaŝŝen toda enfermedad y toda flaqueza.

2 Y los nombres de los doze Apoŝtoles ŝon eŝtos. El primero, Simon, que es dicho Pedro, y Andres, ŝu hermano: Iacobo, hijo de Zebedeo, y Ioan ŝu hermano:

3 Philippe, y Bartholome: Thomas, y Mattheo el publicano: Iacobo [hijo] de Alpheo, y Lebeo por ŝobrenombre Thaddeo:

4 Simõ de Cana, y Iudas Iŝcariota, que tambien lo entregó.

5 Eŝtos doze embió Ieŝus, à los quales dió mandamiento, diziendo, Por el camino de las Gentes no yreys, y en ciudad de Samaritanos no entreys:

6 Mas yd antes à las ovejas perdidas de la Caŝa de Iŝrael.

7 Y yendo predicad, diziendo, El Reyno de los cielos há llegado.

8 Sanad enfermos, alimpiad leproŝos, reŝuŝcitad muertos, echad fuera demonios: de gracia recebiŝtes, dad de gracia.

9 No poššeays oro, ni plata, ni dinero en vueštras bolšas:

10 Ni alforja para el camino: ni dos ropas de veštir, ni çapatos, ni bordon: porque el obrero digno es de šu alimento.

11 Mas en qualquiera ciudad, ó aldea, donde entrardes, bušcad [con diligencia] quien šea en ella digno, y repošad alli haštaque šalgays.

12 Y entrando en la caša, šaludalda:

13 Y ši la caša fuere digna, vueštra paz vendrá šobre ella: mas ši no fuere digna, vueštra paz še bolverá à vošotros.

14^ Y qualquiera ỹ no os recibiere, ni oyere vueštras palabras, šalid de aquella caša, ò ciudad, y šacudid el polvo de vueštros pies.

15 Decierto os digo, [que el caštigo] šerá mas tolerable à la tierra de Sodoma, y de los de Gomorrha en el dia del juyzio, que à aquella ciudad.

16 Heaqui, yo os embio^, como à ovejas en medio de lobos: šed pues prudentes, como šerpientes: y šenzillos, como palomas.

17 Y guardaos de los hombres: porque os entregarán en concilios, y en šus šynogas os açotarán.

18 Y aun à principes y à reyes šereys llevados por cauša de mi, paraỹ les cõšte à ellos y à las Gẽtes.

19 Mas quando os entregáren no os congoxeys como, o que aveys de hablar: porque en aquella hora os šerá dado que hableys.

20 Porque no šoys vošotros losque hablays, šino el Ešpiritu de vueštro Padre, que habla en vošotros.

21 El hermano entregará àl hermano à la muerte, y el padre al hijo: y los hijos še levantarán contra los padres, y hazerlos han morir.

22 Y šereys aborrecidos de todos por mi nõbre: mas el que šupportáre hašta la fin, ešte šerá šalvo.

23 Mas quando os peršiguieren en ešta ciudad, huyd à la otra: porque de cierto os digo, que no acabareys de andar todas las ciudades de Iš-rael, que no venga el Hijo del hombre.

24 El Dišcipulo no es mas que šu maeštro; ni el šiervo, mas que šu šeñor.

25 Baštale al dišcipulo šer como šu maeštro: y ál šiervo, como šu šeñor: ši àl mišmo padre de la familia llamarõ Beelzebub, quãto mas à los de šu caša.

26 Anšique no los temays: porque nada ay encubierto, que no aya de šer manifeštado: y nada occulto, que no aya de šaberše.

27 Loÿ os digo en tinieblas, dezildo en luz: y loque oys à la oreja, predicaldo, de los tejados.

28 Y no ayays miedo de los que matan el cuerpo: mas al alma no pueden matar: temed antes à aÿl ÿ puede deštruir el alma y el cuerpo en el ÿmadero.

29 No še venden dos paxarillos por una blanca? Y uno deellos no cae à tierra šin vueštro Padre.

30 Y vueštros cabellos tambien, todos eštan contados.

31 No temays pues: mas valeys vošotros que muchos paxarillos.

32 Pues qualquiera que me confeššáre delante de los hombres, confeššarlohé tambien yo delante de mi Padre, que eštá en los cielos.

33 Y qualquiera que me negáre delante de los hombres, negarlohé yo tambien delante de mi Padre, que eštà en los cielos.

34 No pĕšeys ÿ he venido para meter paz en la tierra: no he venido para meter paz, šino cuchillo.

35 Porque he venido para hazer diššenšion del hombre contra šu padre, y de la hija contra šu madre, y de la nuera contra šu šuegra.

36^ Y los enemigos del hombre, los de šu caša.

37 Elque ama padre, ó madre mas que à mi, no es digno de mi: y el que ama hijo, ò hija mas que à mi, no es digno de mi.

38 Y el que no toma šu cruz: y šigue en pos de mi, no es digno de mi.

39 El que halláre šu vida, la perderá: y el que perdiere šu vida por cauša de mi, la hallará.

40 Elque os recibe à vošotros, à mi recibe, y el que à mi recibe, recibe ál que me embió.

41 El que recibe propheta en nombre de propheta^, šalario de propheta recibirá: y el que recibe jušto en nombre de jušto, šalario de jušto recibirá.

42 Y qualquiera que diere à uno deštos pequeñitos un jarro de agua fria šolamente en nombre de Dišcipulo, de cierto os digo, [que] no perderá šu šalario.

CAPIT. XI.

Y Fué, que acabando Ieŝus de dar mãdamientos à ŝus doze Diŝcipulos, fueŝe de alli à enŝeñar y à predicar en las ciudades de ellos.
2 Y oyendo Ioan en la priŝion los hechos de Chriŝto, embióle dos de ŝus diŝcipulos,
3 Diziendo, Eres tu aquel que avia de venir, ó eŝperaremos à otro?
4 Y reŝpondiendo Ieŝus, dixoles, Yd, hazed ŝaber à Ioan las coŝas que oys, y veys.
5 Los ciegos veen, y los coxos andan: los leproŝos ŝon alimpiados, y los ŝordos oyen: los muertos ŝon reŝuŝcitados, y à los pobres es annunciada la alegre nueva:
6 Y bienaventurado^ es el que no fuere eŝcandalizado en mi.
7 Y ydos ellos, començó Ieŝus à dezir de Ioan à las compañas: Que ŝaliŝtes à ver àl deŝierto? [Alguna] caña que es meneada del viento?
8 O que ŝaliŝtes à ver? un hombre cubierto de blandos veŝtidos? Cierto losÿ traen [veŝtidos] blandos, en las caŝas de los reyes eŝtan.
9 O que ŝaliŝtes à ver? Propheta? Tambien os digo, y mas que propheta.
10 Porque eŝte es de quien eŝtá eŝcripto, Heaqui yo embio mi angel# delante de tu faz, que aparejará tu camino delante de ti.
11 De cierto os digo [que] no ŝe levantó entre losque nacen de mugeres otro mayor que Ioan el Baptiŝta: mas el que es muy pequeño en el Reyno de los cielos, mayor es que el.
12 Deŝde los dias de Ioan el Baptiŝta haŝta aora àl Reyno de los cielos ŝe haze fuerça: y los valientes lo arrebatan.
13 Porque todos los prophetas: y la ley, haŝta Ioan prophetizaron.
14 Y ŝi quereys recebir, el es aquel Elias que avia de venir.
15 El que tiene oydos para oyr, oyga.
16 Mas à quien compararé eŝta generacion? Es ŝemejante à los mochachos que ŝe ŝientan en las plaças, y dan bozes à ŝus compañeros,
17 Y dizen, Tañimos os flauta, y no baylaŝtes: endechamos os, y no lamentaŝtes.
18 Porque vino Ioan que ni comia ni bevia: y dizen, Demonio tiene.
19 Vino el Hijo del hombre, que come y beve, y dizen, heaqui un hombre comilon, y bevedor de vino, amigo de publicanos y de peccadores. Mas la ŝabiduria es aprovada de ŝus hijos.

20 Entonces començò à çaherir [el beneficio] à las ciudades en las quales avian šido hechas muy muchas de šus maravillas, porque no še avian emmendado, [diziendo:]

21 Ay de ti Chorazin, Ay de ti Bethšaida: porÿ ši en Tyro y en Sidon fueran hechas las maravillas que han šido hechas en vošotras, en otro tiempo ovieran hecho penitencia# en šacco y en ceniza.

22 Portanto [yo] os digo, [que] à Tyro y à Sidon šerá mas tolerable [el castigo] en el dia del juyzio que à vošotras.

23 Y tu Capernaum, que eres levantada hašta el cielo, hašta los infiernos šerás abaxada: porque ši en los de Sodoma fueran hechas las maravillas que han šido hechas en ti, ovieran quedado hašta el dia de oy.

24 Portanto [yo] os digo [que] à la tierra de los de Sodoma šerá mas tolerable [el castigo] en el dia del juyzio, que à ti.

25 En aquel tiempo rešpondiendo Iešus, dixo, Alábote Padre, Señor del cielo y de la tierra, ÿ ayas eścondido ešto de los šabios y de los entendidos, y lo ayas revelado à los niños.

26 Anši padre, puešque anši agradó en tus ojos.

27 Todas las cošas me šon entregadas de mi Padre: y nadie conoció àl Hijo, šino el Padre: ni àl Padre conoció alguno, šino el Hijo, y [aquel] à quien el Hijo lo quišiere revelar.

28 Venid à mi todos los que eštays trabajados, y cargados: que yo os haré deščanšar.

29 Llevad mi yugo šobre vošotros, y aprended de mi, que šoy manšo y humilde de coraçon: y hallareys deščanšo para vueštras almas.

30 Porque mi yugo es facil, y ligera mi carga.

CAPIT. XII.

EN aquel tiempo yva Iešus por [unos] panes en Sabbado: y šus Dišcipulos avian hambre, y començaron à coger eśpigas, y à comer.

2 Y viendo [lo] los Pharišeos, dixeronle: Heaqui, tus Dišcipulos hazen lo ÿ no es licito hazer en Sabbado.

3 Y el les dixo, No aveys leydo, ÿ hizo David teniendo hambre el y los que eštavan con el?

4 Como entrò en la Caša de Dios, y comió los panes de la Propošicion, que no [le] era licito comer de ellos, ni à los que eštavan con el, šino à šolos los šacerdotes?

5 O, no aveys leydo en la Ley, que los šabbados en el Templo los šacerdotes profanan el šabbado, y šon šin culpa?
6 Pues digo os que Mayor que el Templo eštá aqui.
7 Mas ši šupieššedes que es, Mišericordia quiero, y no šacrificio, no
condenariades los innocentes.
8 Porque šeñor es aun del Sabbado el Hijo del hombre.
9 Y partiendoše de alli, vino à la šynoga de^ ellos.
10 Y heaqui avia [alli] uno que tenia una mano šeca: y preguntaronle
diziendo, Es licito curar en šabbado? por accušarlo.
11 Y el les dixo, Que hombre avrá de vošotros, que tenga una oveja, y
ši cayere en una fošša en šabbado, no le echa mano, y [la] levante?
12 Pues quanto mas vale un hombre que un oveja? Anši que licito es
en los šabbados hazer bien.
13 Entonces dixo à aquel hombre. Eštiende tu mano. Y [el la] eštendió,
y fue [le] reštituyda šana como la otra.
14 Y šalidos los Pharišeos consultaron contra el para deštruyrlo.
15 Mas šabiendo [lo] Iešus, apartóše de alli: y šiguieronle muchas
compañas, y šanaba à todos.
16 Y el les defendia [rigurošamente] que no lo dešcubrieššen:
17 Paraque še cumpliešše lo que eštava dicho por el propheta Išaias
que dixo,
18 Heaqui mi šiervo, àl qual he eščogido; mi amado, en el qual še
agrada mi alma: pondré mi Ešpiritu šobre el, y à las Gentes^ annuncia-
ra juyzio.
19 No contenderá, ni bozeará; ni nadie oyrá en las calles šu boz.
20 La caña caxcada no quebrará: y el pavilo que humea, no apagará:
haštaque šaque à vicktoria el juyzio:
21 Y en šu Nombre ešperarán las Gentes.
22 Entonces fue traydo à el un endemoniado ciego y mudo, y šanólo,
de tal manera que el ciego y mudo hablava y via.
23 Y las compañas eštavan fuera de ši, y dezian: Es ešte aquel hijo de
David?
24 Mas los Pharišeos oyendo [lo] dezian, Ešte no echa fuera los demonios šino por Beelzebul principe de los demonios.
25 Y Iešus, como šabia los pěšamientos deellos, dixoles: Todo reyno
divišo contra šimišmo es aššolado: y toda ciudad, o caša, diviša contra
šimišma, no permanecerá.

26 Y ši Satanas echa fuera à šatanas, contra šimišmo eštá divišo. como pues permanecerá šu reyno?
27 Y ši yo por Beelzebul echo fuera los demonios, vueštros hijos por quien [los] echan? Portanto ellos šerán vueštros juezes.
28 Y ši por Ešpiritu de Dios yo echo fuera los demonios, ciertamente llegado ha à vošotros el Reyno de Dios.
29 Porque como puede alguno entrar en la caša del valiente, y šaquear šus alhajas, ši primero no prendiere àl valiente: y entonces šaqueará šu caša?
30 El que no es conmigo, contra mi es: y el que conmigo no coge, derrama.
31 Portanto os digo, Todo peccado y blašphemia šerá perdonado à los hombres: mas la blašphemia del Ešpiritu no šerá perdonada à los hombres.
32 Y qualquiera que hablâre contra el Hijo del hombre, le šerá perdonado: mas qualquiera que hablare contra el Ešpiritu Sanckto, no le šerá perdonado ni en ešte šiglo ni en el venidero.
33 O hazed el arbol bueno, y šu fruto bueno; o hazed el arbol podrido, y šu fruto podrido: porque del fruto es conocido el arbol.
34 Generacion de bivoras, como podeys hablar bien, šiendo malos? porque del abundancia del coraçon habla la boca.
35 El buen hombre del buen thešoro del coraçon šaca buenas cošas: y el mal hombre del mal thešoro šaca malas cošas.
36 Mas [yo] os digo que toda palabra ocioša que hablaren los hombres, de ella darán cuenta el dia del juyzio.
37 Porque de tus palabras šerás juštificado, y de tus palabras šerás condenado.
38 Entonces rešpondieron unos de los Ešcribas y de los Pharišeos, diziendo: Maeštro, deššeamos ver de ti šeñal.
39 Y el rešpondió^, y dixoles, La generacion mala y adulterina demanda šeñal; mas šeñal nole šerá dada, šino la šeñal de Ionas propheta.
40 Porque como eštuvo Ionas en el vientre de la vallena tres dias y tres noches, anši eštará el Hijo del hombre en el coraçon de la tierra tres dias y tres noches.
41 Los de Ninive še levantarán en juyzio con ešta generacion, y la condenarán: porque ellos hizieron penitencia# à la predicacion de Ionas, y heaqui mas que Ionas en ešte lugar.

42 La Reyna del Auŝtro ŝe levantará en juyzio con eŝta generacion: y la condenará: porque vino de los fines de la tierra para oyr la ŝabiduria de Salomon: y heaqui mas que Salomon en eŝte lugar.

43 Quando el eŝpiritu immundo ha ŝalido del hombre, anda por lugares^ ŝecos, buŝcando repoŝo: y no hallandolo,

44 Entonces dize, Bolvermehé à mi caŝa, de dõde ŝali. Y quando viene, halla [la] deŝocupada, barrida, y adornada:

45 Entonces vá, y toma conŝigo otros ŝiete eŝpiritus peores que el, y entrados moran alli; y ŝon peores las poŝtrimerias del tal hombre que ŝus primerias. Anŝi tambien acontecerá à eŝta generacion mala.

46 Y eŝtando el aun hablando à las compañas, heaqui ŝu madre y ŝus hermanos eŝtavan fuera, que le querian hablar.

47 Y dixole uno, Heaqui tu madre y tus hermanos eŝtan fuera, que te quieren hablar.

48 Y reŝpondiendo el al que le dezia [eŝto], dixo, Quien es mi madre, y quien ŝon mis hermanos?

49 Y eŝtendiendo ŝu mano azia ŝus diŝcipulos, dixo, Heaqui mi madre y mis hermanos.

50 Porque todo aquel que hiziere la voluntad de mi Padre, que eŝtá en los cielos, eŝŝe es mi hermano, y hermana, y madre.

CAPIT. XIII.

Y Aquel dia, ŝaliendo Ieŝus de caŝa, ŝentóŝe junto à la mar:

2 Y allegaronŝe à el muchas compañas; y entrandoŝe el en un navio, ŝentóŝe, y toda la compaña eŝtava à la ribera.

3 Y hablóles muchas coŝas por Parabolas, diziendo,^ He aqui el que ŝembraba, ŝalió à ŝembrar.

4 Y ŝembrãdo, parte [de la ŝimiente] cayó junto àl camino: y vinieron las aves, y comieronla.

5 Y parte cayó en pedregales, donde no tenia mucha tierra, y nacio luego, porque no tenia tierra profunda:

6 Mas en ŝaliendo el Sol, ŝe quemó, y ŝecóŝe: porque no tenia rayz.

7 Y parte cayó en eŝpinas: y las eŝpinas crecieron, y ahogaronla.

8 Y parte cayó en buena tierra, y dió fruto: uno de à ciento, y otro de à ŝeŝenta, y otro de à treynta.

9 Quien tiene oydos para oyr, oyga.

10 Entõces llegandoše los Dišcipulos, dixeronle: Porqué les hablas^ por parabolas?

11 Y el rešpondiendo, dixoles, Porque à vošotros es concedido šaber los myšterios del Reyno de los cielos: mas à ellos no es concedido.

12 Porque à qualquiera que tiene, šerleha dado, y tendrá mas: mas al que no tiene, aun loque tiene le šerá quitado.

13 Por eššo les hablo por parabolas; porque viendo no veen, y oyendo no oyen, ni entienden.

14 Demanera que še cumple en ellos la prophecia de Išaias, ÿ dize, De oydo oyreys, y no entendereys, y viendo vereys, y no mirareys.

15 Porque el coraçõ dešte pueblo ešta engroššado, y de los oydos oyen pešadamente, y de šus ojos, guiñan: porque no vean de los ojos, y oygan de los oydos, y del coraçon entiendan, y še conviertan, y [yo] los šane.

16 Mas bienaventurados vueštros ojos, porque veen: y vueštros oydos porque oyen.

17 Porque decierto os digo, que muchos prophetas y juštos deššearon ver lo que [vošotros] veys; y no [lo] vierõ: y oyr loque [vošotros] oys, y no [lo] oyeron.

18 Oyd pues vošotros la parabola del ÿ šiembra.

19 Oyendo qualquiera la Palabra del reyno, y no entendiendo [la], viene el Malo, y arrebata lo que fue šembrado en šu coraçon. Ešte es el que fue šembrado junto àl camino.

20 Y elque fue šembrado en pedregales, ešte es elque oye la palabra, y luego la recibe con gozo.

21 Mas no tiene rayz en ši, antes es temporal: que venida la afflicion, o la peršecucion por la Palabra, luego še offende.

22 Y el que fué šembrado en ešpinas,^ ešte es el que oye la Palabra: mas la congoxa dešte šiglo, y el engaño de las riquezas ahoga la palabra, y hazeše šin fruto.

23 Mas el que fué šembrado en buena tierra, ešte es el que oye y entiende la Palabra, y el que lleva el fruto: y lleva uno à ciento, y otro à šešenta, y otro à treynta.

24 Otra parabola les propušo, diziendo, El reyno de los cielos es šemejante àl hombre que šiembra buena šimiente en šu haça:

25 Mas durmiendo los hombres, vino šu enemigo, y šembró Zizania entre el trigo, y fueše.

26 Y como la yerva šaliò, y hizo fruto, entonces la zizania pareció tambien.

27 Y llegandoše los šiervos del padre de la familia, dixeronle, Señor, no šembrašte buena šimiente en tu haça? Pues de donde tiene zizania?

28 Y el les dixo, El enemigo hombre ha hechoešto. Y los šiervos le dixeron, Pues quieres que vamos y la cojamos?

29 Y el dixo, No: porque cogiendo la zizania, no arranqueys tambien con ella el trigo.

30 Dexad crecer juntamente lo uno y lo otro hašta la šiega, y àl tiempo de la šiega [yo] dire à los šegadores, Coged primero la zizania, y atalda en manojos para quemar la: mas el trigo allegaldo en mi alholi.

31 Otra parabola les propušo, diziendo: El Reyno de los cielos es šemejante al grano de moštaza, que tomandolo alguno lo šembró en šu haça.

32 El qual à la verdad es el mas pequeño de^ todas las šimientes: mas quãdo hâ crecido, es el mayor de todas las hortalizas: y hazeše arbol, que vienen las aves del cielo y hazen nidos en šus ramas.

33 Otra parabola les dixo, El reyno de los cielos es šemejante à la levadura, que tomandola la muger, la ešconde en tres medidas de harina, hašta que todo še leude.

34 Todo ešto habló Iešus por parabolas à las compañas: Y nada les habló šin parabolas:

35 Paraque še cumpliešše loque fué dicho por el Propheta, que dixo, Abriré en parabolas mi boca: regoldaré cošas ešcondidas dešde la fundacion del mundo.

36 Entonces, embiadas las compañas, IESVS še vino à caša: Y llegandoše à el šus dišcipulos, dixeronle: Declaranos la parabola de la zizania de la haça.

37 Y rešpondiendo el, dixo les, El que šiembra buena šimiente es el Hijo del hombre.

38 Y la^ haça es el mundo. Y la buena šimiente, eštos šon los hijos del reyno. Y la zizania šon los hijos del Malo.

39 Y el enemigo que la šembrò, es el diablo. Y la šiega es la fin del mundo. Y los šegadores šon los Angeles.

40 De manera que como es cogida la zizania, y quemada à fuego, anši šerá en la fin dešte šiglo.

41 Embiará el Hijo del hombre šus Angeles, y cogerán de šu Reyno todos los eštorvos, y los que hazen iniquidad:

42 Y echarlos han en el horno de fuego: alli šerá el lloro, y el batimiento de dientes:

43 Entonces los juštos rešplandecerán, como el Sol, en el Reyno de šu Padre. El que tiene oydos para oyr, oyga.

44 Item, El Reyno de los cielos es šemejante ál thešoro ešcondido en la haça: el qual hallado, el hombre [lo] encubre: y de gozo^ deel, vá, y vende todo loque tiene, y compra aquella haça.

45 Item, el Reyno de los cielos es šemejante àl hombre tratante que bušca buenas perlas.

46 Que hallando una precioša perla, fué, y vendió todo loque tenia, y compróla.

47 Item, El reyno de los cielos es šemejante à la red, que echada en la mar, coge de todas šuertes.

48 La qual šiendo llena, šacaronla à la orilla: Y šentados cogieron lo bueno en vašos, y lo malo echaron fuera.

49 Anši šerá en la fin del šiglo: šaldrán los Angeles, y apartaran à los malos de entre los juštos:

50 Y echarloshan en el horno de fuego: alli šerá el lloro, y el batimiento de dientes.

51 Dizeles IESVS, Aveys entendido todas eštas cošas? Ellos rešponden, Si Señor.

52 Y el les dixo, Por eššo todo ešcriba dockto en el Reyno de los cielos es šemejante à un padre de familia, que šaca de šu thešoro cošas nuevas cošas viejas.

53 Y aconteció [que] acabando IESVS eštas parabolas, paššó de alli.

54 Y venido à šu tierra, enšeñolos en la šynoga dellos, de tal manera que ellos eštavan fuera de ši, y dezian, De donde tiene ešte ešta šabiduria y [eštas] maravillas?

55 No es ešte el hijo del carpintero? No še llama šu madre Maria: y šus hermanos, Iacobo, y Iofes, y Simon, y Iudas?

56 Y no eštan todas šus hermanas con nošotros? De donde pues tiene ešte todo ešto?

57 Y ešcandalizavãše en el. Mas IESVS les dixo, No ay propheta šin honrra šino en šu tierra y en šu caša.

58 Y no hizo alli muchas maravillas, à cauša de la incredulidad dellos.

CAPIT. XIIII.

EN aquel tiẽpo Herodes el Tetrarcha oyó la fama de IESVS:

2 Y dixo à šus criados, Ešte es Ioan Baptišta: el há rešušcitado de los muertos, y por eššo virtudes obran en el.

3 Porque Herodes avia prendido à Ioan, y lo avia aprišionado, y puešto en carcel por caušà de Herodias^ muger de Philippo šu hermano.

4 Porque Ioan le dezia, No te es licito tenerla.

5 Y querialo matar, mas avia miedo de la multitud: porque lo tenian como à propheta.

6 Y celebrandoše el dia del nacimiento de Herodes, la hija de Herodias dançò en medio, y agradó à Herodes.

7 Y prometiò con juramento de darle todo lo que pidiešše.

8 Y ella, inštruyda primero de šu madre, dixo, Dame aqui en un plato la cabeça de Ioan baptišta.

9 Entonces el Rey še entrištecìò: mas por el juramento, y por los que eštavan juntamente à la meša, mandò que še [le] diešše:

10 Y embiando degollô à Ioan en la carcel.

11 Y fué trayda šu cabeça en un plato, y dada à la moça: Y [ella] la prešentò à šu madre.

12 Entonces šus dišcipulos llegaron, y tomaron el cuerpo, y enterraronlo: y fueron y dieron las nuevas à IESVS.

13 Y oyendo [lo] IESVS apartóše de alli en un navio à un lugar dešierto apartado: Y quando las compañas [lo] oyeron, šiguieronlo à pie de las ciudades,

14 Y šaliendo IESVS, vido [una] grãde compaña, y uvo mišericordia deellos: y šanó los que deellos avia enfermos.

15 Y quando fué la tarde del dia, llegaronše^ à el šus Dišcipulos, diziendo. El lugar es dešierto, y el tiempo es ya paššado, embia las compañas que še vayan por las aldeas, y compren para ši de comer.

16 Y IESVS les dixo, No tienen neceššidad de yrše: daldes vošotros de comer,

17 Y ellos dixeron, No tenemos aqui šino cinco panes y dos peces.

18 Y el les dixo, Traedmelos acá.

19 Y mandando à las compañas recoštarše šobre la yerva, y tomando los cinco panes y los dos peces^, alçando los ojos al cielo bendixo, y

partiendo los panes dio [los] à los Diŝcipulos, y los Diŝcipulos à las compañas.
20 Y comieron todos, y hartaronŝe: Y alçaron lo que ŝobró, los pedaços, doze eŝportones llenos.
21 Y los que comieron fueron varones como cinco mil: ŝin las mugeres y mochachos.
22 Y luego IESVS hizo à ŝus diŝcipulos entrar en el navio, y yr delante de el de la otra parte [del lago], entretanto que [el] deŝpedia las compañas.
23 Y deŝpedidas las compañas, ŝubió en el monte, apartado, à orar. Y como fué la tarde del dia, eŝtava alli ŝolo.
24 Y ya el navio eŝtava en medio de la mar, atormentado de las ondas: porque el viento era contrario.
25 Mas à la quarta vela de la noche IESVS fué à ellos andando ŝobre la mar.
26 Y los Diŝcipulos, viendolo andar ŝobre la mar, turbaronŝe diziendo: [Alguna] phantaŝma es: y dieron bozes de miedo.
27 Mas luego IESVS les habló diziendo: Aŝŝeguraos: yo ŝoy, no ayays miedo.
28 Entonces reŝpondiole Pedro, y dixo: Señor, ŝi tu eres, manda que yo venga à ti ŝobre las aguas.
29 Y el dixo, Ven. Y decendiẽdo Pedro del navio, anduvo ŝobre la aguas para venir à IESVS.
30 mas viendo el viento fuerte, uvo miedo: y començadoŝe à hundir, dió bozes diziendo: Señor, ŝalvame.
31 Y luego IESVS eŝtendiendo la mano, travó deel, y dizele, O [hombre] de poca fe, porque dudaŝte.
32 Y como ellos entraron en el navio, el viento repoŝó.
33 Entonces losque eŝtavan en el navio, vinieron, y adoraronlo, diziendo, Verdaderamente eres Hijo de Dios.
34 Y llegando de la otra parte, vinieron en la tierra de Gennezaret.
35 Y como lo conocieron los varones de aquel lugar, embiaron por toda aquella tierra alderredor, y truxeron à el todos los enfermos.
36 Y rogavanle que ŝolamente tocaŝŝen el borde de ŝu manto: y todos los que tocaron, fueron ŝalvos.

CAPIT. XV.

Entonces llegaron à IESVS ciertos Ešcribas y Pharišeos de Ierušalem diziendo:^

2 Porque tus Dišcipulos trašpaššan la tradicion de los Ancianos? porÿ no lavã šus manos quando comen pan.

3 Y el rešpondiendo dixoles, Porqué tambien vošotros trašpaššays el mandamiento de Dios por vueštra tradicion?

4 Porque Dios mandò, diziendo, Honrra al padre y à la madre. Item, Elque maldixere al padre ó la madre, muera de muerte.

5 Mas vošotros dezis, Qualquiera dirá al padre ó la madre, Toda offrenda mia à ti aprovechará: y no honrrará à šu padre ó à šu madre.

6 Y aveys invalidado el mandamiento de Dios por vueštra tradicion.

7 Hypocritas, bien prophetizó de vošotros Išaias diziendo,

8 Ešte pueblo de šu boca še acerca de mi, y de labios me honrra: mas šu coraçon lexos eštá de mi.

9 Mas en vano me honrran enšeñando docktrinas, mandamientos de hombres.

10 Y llamando à ši las compañas, dixoles, Oyd y entended:

11 No loque entra en la boca contamina al hombre: mas lo que šale de la boca, ešto contamina al hombre.

12 Entonces llegandoše šus Dišcipulos dixeronle, Sabes que los Pharišeos oyendo ešta palabra še offendieron?

13 Mas rešpondiendo el, dixo, Toda planta ÿ no plantó^ mi Padre celeštial šerá dešarraygada.

14 Dexaldos: guias šon ciegas de ciegos: y ši el ciego guiare ál ciego, ambos caerán en el hoyo^.

15 Y rešpondiendo Pedro, dixole, Declaranos ešta parabola.

16 Y IESVS dixo, Aun tambien vošotros šoys šin entendimiento?

17 No entendeys aun, que todo lo que entra en la boca, vá àl vientre, y es echado en la neceššaria?

18 mas lo que šale de la boca, del mišmo coraçon šale, y ešto contamina al hombre.

19 Porque del coraçon šalen los malos penšamientos: muertes, adulterios, fornicaciones, hurtos, falšos teštimonios, maledicencias.

20 Eštas cošas šon las que contaminan al hombre: que comer con las manos por lavar no contamina al hombre.

21 Y šaliendo IESVS de alli, fueše à las partes de Tyro y Sidon.

22 Y heaqui una muger Chananea que avia šalido de aquellos teminos clamava diziendole, Señor, Hijo de David, ten mišericordia de mi, mi hija es malamente atormentada del demonio.

23 Mas el no le rešpondió palabra. Entonces llegandoše šus Dišcipulos, rogaronle diziendo, Embiala, que da bozes tras nošotros.

24 Y el rešpondiendo, dixo, No šoy embiado šino à las ovejas perdidas de la Caša de Išrael.

25 Entonces ella vino, y adorólo diziendo, Señor šocorreme.

26 Y rešpondiendo el, dixo, No es bien tomar el pan de los hijos, y echarlo à los perrillos.

27 Y ella dixo, Si Señor: porque los perrillos comen de las migajas que caen de la meša de šus šeñores.

28 Entonces rešpondiendo Iešus, dixo, O muger, grande [es] tu fe: šea hecho contigo, como quieres. Y fué šana šu hija dešde aquella hora.

29 Y partido Iešus de alli, vino junto ál mar de Galilea: y šubiendo en [un] monte šentóše alli.

30 Y llegaron àl el muchas compañas que tenian conšigo coxos, ciegos, mudos, mancos, y otros muchos [enfermos], y echaronlos á los pies de Iešus, y šanólos:

31 De tal manera ÿ las compañas še maravillaron viendo hablar los mudos, los mancos šanos, andar los coxos, ver los ciegos, y glorificaron ál Dios de Išrael.

32 Y Iešus llamando šus Dišcipulos, dixo, Tengo mišericordia de la compaña, que ya ha tres dias que perševeran conmigo, y no tienen que comer: y embiarlos ayunos, no quiero; porque no dešmayen en el camino.

33 Entonces šus dišcipulos le dizen, Donde [tenemos] nošotros tãtos panes en el dešierto que hartemos tan gran compaña?

34 Y Iešus les dize, Quantos panes teneys? Y ellos dixeron, Siete, y unos pocos de pecezillos.

35 Y mandó à las compañas que še recoštaššen en tierra.

36 Y tomando los šiete panes y los peces, haziendo gracias, partió, y dió à šus Dišcipulos, y los Dišcipulos á la compaña.

37 Y comieron todos, y hartaronše: y alçaron loque^ šobró, pedaços, šiete ešpuertas llenas.

38 Y eran lošque avian comido, quatro mil varones, šin las mugeres y los niños.

39 Entonces dešpedidas las compañas, šubió en un navio, y vino en los terminos de Magdala.

CAPIT. XVI.

Y Llegandoše los Phariševos y los Sadduceos, tentando, pedianle que les moštrašše šeñal del cielo.

2 Mas el rešpondiendo, dixoles, Quando es la tarde del dia, dezis, Sereno: porque el cielo tiene arreboles.

3 Y à la mañana, Hoy tempeštad: porque tiene arreboles el cielo trište. Hypocritas, que šabeys hazer differencia en la faz del cielo, y en la šeñales de los tiempos no podeys?

4 La generacion mala y adulterina demanda šeñal: mas šeñal no le šerá dada, šino la šeñal de Ionas propheta. Y dexandolos fueše.

5 Y viniẽdo šus Dišcipulos de la otra parte [del lago], avianše olvidado de tomar pan.

6 Y Iešus les dixo, Mirad, y guarda [os] de la levadura de lod Phariševos, y delos Sadduceos.

7 Y ellos penšavan dentro de ši, diziendo,^ No tomamos pan.

8 Y entendiendolo Iešus, dixoles, Que pẽšays dentro de vošotros, hombres de poca fe, que no tomaštes pan?

9 No entendeys aun, ni os acordays de los cinco panes [entre] cinco mil [varones], y quantos ešportones tomaštes?

10 Ni de los šiete panes [entre] quatro mil, y quantas ešpuertas tomaštes?

11 Como? No entendeys que no por el pan os dixe, que [os] guardaššedes de la levadura de los Phariševos y de los Sadduceos.

12 Entonces entendieron que no les avia dicho que še guardaššen de levadura de pan, šino de la docktrina de los Phariševos y de los Sadduceos.

13 Y viniendo Iešus en las partes de Cešarea de Philippo, preguntò à šus Dišcipulos, diziendo, Quien dizen los hombres que es el Hijo del hombre?

14 Y ellos dixeron, unos, Ioan el baptišta: y otros, Elias: y otros, Ieremias, o alguno de los prophetas.

15 Dizeles, y vošotros quien dezis que šoy?

16 Y rešpondiendo Simon Pedro, dixo, Tu eres el Chrišto, el Hijo del Dios Biviente.

17 Entonces rešpondiendo Iešus, dixole, biëaventurado eres Simon hijo de Ionas: porque no te lo reveló carne ni šangre: mas mi padre que eštá en los cielos.

18 Mas yo tambien te digo, que tu eres Pedro: y šobre ešta piedra edificaré mi Iglešia: y las puertas del infierno no prevaleceràn contra ella.

19 Y à ti dare las llaves del Reyno de los cielos. que todo loque ligáres en la tierra, šerá ligado en los cielos: y todo lo que dešatáres en la tierra, šerá dešatado en los cielos.

20 Entonces mandó à šus Dišcipulos que à nadie dixeššen que el era Iešus el Chrišto.

21 Dešde aquel tiempo començó Iešus, á declarar à šus Dišcipulos, que le convenia yr à Ierušalem, y padecer mucho de los Ancianos, y de los principes de los Sacerdotes y de los Ešcribas: y šer muerto, y rešušcitar al tercero dia.

22 Y pedro, tomandolo à parte, començolo à reprehender, diziendo, Señor, ten compaššion de ti: en ninguna manera ešto te acontezca.

23 Entonces el bolviendoše,^ dixo à Pedro, Quitate de delante de mi adveršario,# eštorvo me eres, porque no entiendes loque [es] de Dios, šino lo que [es] de los hombres.

24 Entonces Iešus dixo à šus dišcipulos: Si alguno quiere venir en pos de mi, niegueše à ši mišmo, y tome šu cruz, y šigame.

25 Porque qualquiera que quišiere šalvar šu vida, la perderá: y qualquiera que perdiere šu vida por cauša de mi, la hallará.

26 Porque de que aprovecha al hombre, ši grãgeáre todo el mundo, y perdiere šu alma? O, que recompenša dará el hombre por šu alma?

27 Porque el Hijo del hombre vendrá en la gloria de šu Padre con šus Angeles: y entonces pagará à cada uno conforme à šus obras.

28 Decierto os digo, que ay algunos de los ÿ eštã aqui, ÿ no guštarán la muerte hašta ÿ ayã višto el Hijo del hombre viniëdo en šu Reyno.

CAPIT. XVII.

Y Dešpues de šeys dias Iešus toma à Pedro, y à Iacobo, y á Ioan, šu hermano, y šacalos à parte à un monte alto,

2 Y trãsfiguróše delante deellos: y rešplandeció šu roštro como el Sol: y šus veštidos fueron blancos como la luz.

3 Y heaqui les aparecieron Moyšen y Elias hablando con el.

4 Y rešpondiendo Pedro, dixo à Iešus, Señor, Bien es que nos quedemos aqui; ši quieres, hagamos aqui tres cabañas, para ti una, y para Moyšen otra, y para Elias otra.

5 Eštando aun hablando el, heaqui una nuve de luz [que] los cubriò: y heaqui una boz de la nuve que dixo, ESTE ES MI HIJO AMADO, EN EL QVAL TOMO CONTENTAMIENTO: A EL OYD.

6 Y oyendo [ešto] los Dišcipulos, cayeron šobre šus roštros, y temieron en gran manera.

7 Entonces Iešus llegando, tocòles, y dixo, Levanta os, y no temays.

8 Y alçando [ellos] šus ojos, à nadie vieron, šino à šolo Iešus.

9 Y como decendieron del monte, mandoles Iešus, diziendo, No digays à nadie la višion, haštaque el Hijo del hombre rešušcite de los muertos.

10 Entõces šus Dišcipulos le preguntaron diziendo, Que pues dizen los Ešcribas que es menešter que Elias venga primero?

11 Y rešpondiendo Iešus, dixoles, A la verdad Elias vẽdrà primero, y reštituyrà todas las cošas.

12 Mas digo os, que ya vino Elias, y no lo conocieron: antes hizieron en el todo lo que quišieron. Anši tambiẽ el Hijo del hombre padecerá deellos.

13 Lod Dišcipulos entonces entendieron que les dezia de Ioan Baptišta.

14 Y como ellos llegaron à la compaña, vino à el un hombre hincandošele de rodillas,

15 Y diziendo, Señor, ten mišericordia de mi hijo, ÿ es lunatico y padece malamẽte: porÿ muchas vezes cae en el fuego, y muchas en el agua,

16 Y helo prešentado à tus Dišcipulos, y no lo han podido šanar.

17 Y rešpondiendo Iešus, dixo: O generacion infiel y torcida, hašta quando tengo de eštar cõ vošotros? Hašta quando os tengo de šuššrir? Traedmelo aca.

18 Y reprehendiólo Iešus, y šaliò el demonio deel: y el moço fue šano dešde aquella hora.

19 Entonces llegandoše los Dišcipulos à Iešus à parte, dixeron, Porqué nošotros no lo pudimos echar fuera?

20 Y Iešus les dixo, Por vueštra infidelidad: porÿ decierto os digo, que ši tuvierdes fe, como un grano de moštaza direys à ešte monte, paššate de aqui acullá: y paššaršehá, y nada os šerá impoššible.

21 Mas ešte linage [de demonios] no šale šino por oracion y ayuno:

22 Y eštando ellos en Galilea, dixoles Iešus, El hijo del hombre šerá entregado en manos de hombres.

23 Y matarlohan: mas al tercero dia rešušcitará^. Y [ellos] še entrištecieron en gran manera.

24 Y como llegaron à Capernaum, vinieron à Pedro los que cobraban las dos dragmas, y dixeron, Vueštro maeštro no paga las dos dragmas?

25 Y [el] dize, Si, Y entrado el en caša, Iešus le hablò antes diziendo, Que te parece Simon? Los reyes de la tierra de quien cobran los tributos, ò el cenšo? de šus hijos, o de los eštraños?

26 Pedro le dize, De los eštraños.^ Dizele [entonces] Iešus, Luego francos šon los hijos?

27 Mas porque no los offendamos, vé à la mar, y echa el anzuelo, y el primer pece que viniere, tomalo, y abierta šu boca hallarás un eštatero, da šelo por mi y por ti.

CAPIT. XVIII.

EN aquel tiempo llegaronše los Dišcipulos à Iešus, diziendo, Quien es el muy grande en el Reyno de los cielos?

2 Y llamando Iešus un niño, pušolo en medio deellos:

3 Y dixo, De cierto os digo que šino os bolvierdes, y fuerdes, como niños, no entrareys en el Reyno de los cielos.

4 Anšique qualquiera que še abaxáre, como ešte niño, ešte es el muy grãde en el Reyno de los cielos.

5 Y qualquiera que recibiere à un tal niño en mi nombre, à mi recibe.

6 Y qualquiera que offendiere à alguno de eštos pequeños, que creen en mi, mejor le fuera que le fuera colgada del cuello una piedra de molino de ašno, y que fuera anegado en el profundo de la mar.

7 Ay del mundo por los eščandalos: porque neceššario es que vengan eščandalos: mas ay de aquel hombre por el qual viene el eščandalo.

8 Portanto ši tu mano ô tu pie te fuere o occašion de caer, cortalos y echa [los] de ti: mejor te es entrar coxo, o manco à la vida que teniendo dos manos ò dos pies šer echado al fuego eterno.

9 Y ši tu ojo te es occašion de caer, šacalo y echa [lo] de ti: que mejor te es entrar con un ojo à la vida, que teniendo dos ojos šer echado al quemadero del fuego.

10 Mirad no tengays en poco à alguno de eštos pequeños: porque [yo] os digo que šus angeles en los cielos veen šiempre la faz de mi Padre que eštá en los cielos.

11 Porque el Hijo del hombre es venido para šalvar loque še avia perdido.

12 Que os parece? Si tuviešše algun hombre cien ovejas, y še perdiešše una deellas no yria por los montes, dexadas las noventa y nueve, à buščar la que še avria perdido?

13 Y ši aconteciešše hallarla, de cierto os digo, que mas še goza de aquella, que de las noventa y nueve que noše perdieron,

14 Anši no es la voluntad de vueštro Padre, que eštá en los cielos, que še pierda uno de eštos pequeños.

15 Portanto ši tu hermano peccáre contrati, vé y redarguyelo entre ti y el šolo: ši te oyere, ganado has à tu hermano.

16 Mas ši no te oyere, toma aun contigo uno o dos: paraque en boca de dos o de tres teštigos conšišta toda la coša.

17 Y šino oyere a ellos, di [lo] á la Congregacion: Y ši no oyere à la Congregacion, tenlo por un ethnico, y un publicano.

18 De cierto os digo que todo loque ligardes en la tierra, šerá ligado en el cielo: y todo loque dešatardes en la tierra šerá dešatado en el cielo.

19 Item digo os, que ši dos de vošotros conšintieren en la tierra, de toda coša que pidieren, šerleshá hecho por mi Padre ÿ eštá en los cielos.

20 Porque donde eštan dos o tres congregados en mi nombre, alli eštoy en medio deellos.

21 Entõces Pedro llegandoše à el, dixo, Señor, quantas vezes perdonaré à mi hermano que peccáre contra mi? Hašta šiete?

22 Iešus le dize, No te digo hašta šiete, mas aun hašta šetenta vezes šiete.

23 Por loqual el Reyno de los cielos es šemejante à un hombre Rey, que quišo hazer cuentas con šus šiervos.

24 Y començando à hazer cuentas, fuele prešentado uno que le devia diez mil talentos.

25 Mas à ešte, no pudiendo pagar, mandó šu šeñor vender, à el y à šu muger y hijos, con todo loque tenia, y pagar.

26 Entonces aquel šiervo proštrado adoravalo, diziendo, Señor, deten la ira para conmigo, y todo te lo pagaré.

27 El šeñor movido à mišericordia de aquel šiervo šoltólo, y perdonóle la deuda,

28 Y šaliendo aquel šiervo, halló uno de šus compañeros que le devia cien dineros: y travando deel ahogavalo, diziendo, Paga loque deves.

29 Entonces šu compañero, proštrandoše à šus pies, rogavale diziendo, Deten la ira para conmigo, y todo te lo pagarè.

30 Mas el no quišo, šino fue, y echólo en la carcel hašta que pagašše la deuda.

31 Y viendo šus compañeros loque paššava entrištecieronše mucho, y viniendo declararon à šu šeñor todo lo que avia paššado.

32 Entõces llamãdolo šu šeñor, dizele, Mal šiervo, toda aquella deuda te perdon`, porÿ me rogašte:

33^ No te convenia tambien, à ti tener mišericordia de tu compañero, como tambien yo tuve mišericordia de ti?

34 Entonces šu šeñor enojado, entrególo à los verdugos hašta que pagašše todo lo que le devia.

35 Anši tambien hará con vošotros mi Padre celeštial, ši no perdonardes de vueštros coraçones cada uno à vueštros hermanos šus offenšas.

CAPIT. XIX.

Y Aconteciò que acabando Iešus eštas palabras, paššòše de Galilea, y vino en los terminos de Iudea, paššado el Iordan.

2 Y šiguieronle muchas compañas, y šanólos alli.

3 Entonces llegaronše à el los Pharišeos tentandolo, y diziendole, Es licito àl hombre embiar à šu muger por qualquiera cauša.

4 Y el rešpondiendo, dixoles, No aveys leydo que el que [los] hizo àl principo, macho y hembra los hizo?

5 Y dixo, Portanto el hombre dexarà padre y madre, y llegaršeha à šu muger: y šerán dos en una carne:

6 Anši que no šon ya mas dos, šino una carne. Portanto lo que Dios jûtó, no lo aparte el hõbre.

7 Dizenle: Porqué pues Moyšen mandó dar carta de divorcio, y embiarla?

8 Dixoles, Por la dureza de vueštro coraçon Moyšen os permitió embiar vueštras mugeres: mas àl principio no fue anši.

9 Y [yo] os digo ÿ qualquiera^ ÿ embiàre šu muger, šino fuere por fornicaciõ, y še cašáre cõ otra, adultéra: y el ÿ še cašáre cõ la embiada, adultéra.

10 Dizële šus Dišcipulos: Si anši es el negocio del hombre con šu muger, no conviene cašarše.

11 Entonces el les dixo, No todos šon capazes dešte negocio: šino [aquellos] à quien es dado.

12 Porque ay caštrados, que nacieron anši del vientre de šu madre: y ay caštrados, que šon hechos por los hombres: y ay caštrados, que še caštraron à ši mišmos por cauša del Reyno de los cielos. El que puede tomar, tome.

13 Entonces fueronle prešentados [algunos] niños, paraque pušiešše las manos šobre ellos, y orašše: y los Dišcipulos les riñeron.

14 Y Iešus dize, Dexad los niños, y no les impidays de venir á mi: porque de tales es el Reyno de los cielos.

15 Y aviendo puešto šobre ellos las manos, partióše de alli.

16 Y heaqui uno llegandoše, dixole, maeštro bueno, que bien haré para aver la vida eterna?

17 Y el le dixo, Porÿ me dizes bueno? Ninguno es bueno šino uno, [es á šaber,] Dios. Y ši quieres entrar à la vida, guarda los mandamientos.

18 Dizele, Quales? Y Iešus dixo, No matarás. No adulterarás. No hurtarás. No dirás falšo teštimonio.

19 Honrra àl padre y à la madre. Item, Amarás à tu proximo, como à ti mišmo.

20 Dizele el mancebo, Todo ešto guardé dešde mi mocedad. Que mas me falta?

21 Dizele Iešus, Si quieres šer perfeckto, Anda, vende lo que tienes, y da [lo] à los pobres: y tendrás thešoro en el cielo: y ven, šigueme.

22 Y oyendo el mancebo ešta palabra, fueše tripte: porque tenia muchas poššeššiones.

23 Entonces Iešus dixo à šus dišcipulos; De cierto os digo, que el rico difficilmente entrará en el Reyno de los cielos.

24 Mas os digo, que mas liviano trabajo es paššar un cable# por el ojo de una aguja, que el rico entrar en el Reyno de Dios.

25 Sus Dišcipulos oyendo eštas cošas ešpantaronše en gran manera, diziendo, Quien pues podrá šer šalvo?

26 Y mirando [los] Iešus, dixoles, Acerca de los hombres impoššible es ešto: mas acerca de Dios todo es poššible.

27 Entonces rešpondiendo Pedro, dixole, Heaqui, nošotros hemos dexado todo, y te avemos ‘seguido, que pues avremos?

28 Y Iešus les dixo, De cierto os digo, ÿ vošotros ÿ me aveys šeguido, quando en la regeneracion še aššentarà el Hijo del hombre en el throno de šu gloria, vošotros tambien os šëtareys šobre doze thronos para juzgar à los doze tribus de Išrael.

29 Y qualquiera que dexâre cašas, o hermanos, o hermanas, o padre, o madre, o muger, o hijos, o tierras, por mi nombre, recibirá ciento tanto, y la vida eterna avrá por heredad.

30 Mas muchos primeros, šerán poštreros: y poštreros, primeros.

CAPIT. XX.

Porque el Reyno de los cielos es šemejante à un hombre, padre de familia, que šalió por la mañana à coger peones para šu viña.

2 Y concertado con los peones por un dinero àl dia, embiólos à šu viña.

3 Y šaliendo cerca de la hora de las tres, vido otros que eštavan en la plaça ociošos:

4 Y dixoles, Id tambien vošotros à mi viña, y daroshé loque fuere jušto.

5 Y ellos fueron. Salió otra vez cerca de las šeys, y de las nueve horas, y hizo lo mišmo.

6 Y šaliendo cerca de las onze horas, halló otros que eštavan ociošos, y dixoles, Porÿ eštays aqui todo el dia ociošos?

7 Dizenle [ellos,] Porque nadie nos ha cogido#. Dizeles, Id tambien vošotros à la viña, y recibireys loque fuere jušto.

8 Y quando fue la tarde del dia, el šeñor de la viña dixo à šu procurador, Llama los peones, y pagales el jornal començando dešde los poštreros hašta los primeros.

9 Y viniendo los que [avian venido] cerca de las onze horas, recibieron cada uno un dinero.

10 Y viniendo tambien los primeros, penšaron que avian de recebir mas: pero^ tambien ellos recibieron cada uno un dinero.

11 Y tomando [lo] murmuravan conta el padre de la familia,

12 Diziendo, Eštos poštreros han hecho una hora, y has los hecho iguales à nošotros, que avemos llevado la carga y el calor del dia.

13 Y el reŝpondiendo dixo à uno de ellos, Amigo, no te hago agravio. No te concertaŝte conmigo por un dinero?

14 Toma lo que es tuyo, y vete: y quiero dar à eŝte poŝtrero como á ti.

15 No me es licito à mi hazer loÿ quiero en mis [coŝas]? O es malo tu ojo, porÿ yo ŝoy bueno?

16 Anŝi los primeros ŝerán poŝtreros: y los poŝtreros primeros: porque muchos ŝon llamados, mas pocos eŝcogidos.

17 Y ŝubiendo Ieŝus à Ieruŝalem, tomó ŝus doze Diŝcipulos à parte en el camino, y dixoles,

18 Heaqui ŝubimos à Ieruŝalë: y el Hijo del hõbre ŝerá entregado à los principes de los ŝacerdotes, y à los Eŝcribas: y condenarlohan à muerte,

19 Y entregarlo han à las Gentes paraque [lo] eŝcarnezcan, y açoten, y crucifiquen: mas àl tercero dia reŝuŝcitará.

20 Entõces llegóŝe à el la madre de los hijos de Zebedeo cõ ŝus hijos, adorando, y pidiëdole algo.

21 Y el le dixo, Que quieres? {Ella} le dixo, Di que ŝe aŝŝienten eŝtos dos hijos mios el uno à tu mãderecha, y el otro à tu yzquierda en tu Reyno,

22 Entonces Ieŝus reŝpondiendo, dixo,^ No ŝabeys lo que pedis, Podeys bever el vaŝo que yo tengo de bever? y ŝer baptizados del baptiŝmo de que yo ŝoy baptizado? Dizen [ellos]: Podemos.

23 El les dize, A la verdad mi vaŝo bevereys: y del baptiŝmo de que yo ŝoy baptizado, ŝereys baptizados: mas ŝentaros à mi manderecha y à mi yzquierda, no es mio darlo, ŝino à losque eŝtá aparejado de mi Padre.

24 Y como los diez oyeron [eŝto], enojaronŝe de los dos hermanos.

25 Entonces Ieŝus llamandolos, dixo^, [Ya] ŝabeys que los principes de las Gentes ŝe enŝeñorean ŝobre ellas: y losque ŝon Grandes eŝŝecutan ŝobre ellas poteŝtad.

26 Mas entre voŝotros no ŝerá anŝi: ŝino el que quiŝiere entre voŝotros hazerŝe grande, ŝerá vueŝtro ŝervidor;

27 Y elque quiŝiere entre voŝotros ŝer el primero, ŝerà vueŝtro ŝiervo.

28 Como el Hijo del hombre no vino para ŝer ŝervido, ŝino para ŝervir, y para dar ŝu vida en reŝcate por muchos.

29 Entonces ŝaliendo ellos de Iericho, ŝeguiale gran compaña.

30 Y heaqui dos ciegos šentados junto al camino, como oyeron que Iešus paššava clamaron, diziendo, Señor, Hijo de David, ten mišericordia de nošotros.

31 Y la compaña les reñia que callaššen mas ellos clamavan mas, diziendo, Señor, Hijo de David, ten mišericordia de nošotros.

32 Y parandoše Iešus, llamolos, y dixo: Que quereys [que] haga por vošotros?

33 Dizenle [ellos], Señor que šean abiertos mueštros ojos.

34 Entonces Iešus aviendo mišericordia de ellos tocò los ojos deellos, y luego šus ojos recibieron la višta, y šiguieronlo.

CAPIT. XXI.

Y Como še acercaron de Ierušalem, y vinieron à Beth-phage, al monte de las Olivas entonces Iešus embiò dos Dišcipulos.

2 Diziendoles, Id al aldea que eštá delante de vošotros, y luego hallareys una ašna atada, y un pollino con ella: dešataldo y traedme [los].

3 Y ši alguno os dixere algo, dezid, El Señor los ha menešter: y luego los dexará.

4 Y todo ešto fue hecho paraÿ še cumplieššе loque fue dicho por el Propheta, que dixo,

5 Dezid à la hija de Sion, Heaqui, tu Rey te viene, Manšo, šentado šobre una ašna, y un pollino hijo de [animal de] yugo.#

6 Y los Dišcipulos fueron, y hizieron como Iešus les mandó.

7 Y truxeron el ašna y el pollino, y pušieron šobre ellos šus mantos y šentoše šobre ellos.

8 Y muy mucha compaña tendian šus mantos en el camino: y otros cortavan ramos de los arboles, y tendian por el camino.

9 Y las compañas que yvan delante, y lasque yvan detras acclamavan diziendo, Hošanna, al Hijo de David, Bendito elque viene en el nombre del Señor: Hošanna en las alturas.

10 Y entrando el en Ierušalë, toda la ciudad še alborotó diziendo, Quien es ešte?

11 Y las compañas dezian, Ešte es Iešus el Propheta de Nazareth^ de Galilea.

12 Y entrò Iešus en el Templo de Dios, y echó fuera todos losque vendian y compravan en el Templo, y traštornò las mešas de los cambiadóres, y las šillas de los que vendian palomas.

13 Y dizeles, Ešcripto eštà, Mi Caša, Caša de oracion šerá llamada: mas vošotros cueva de ladrones la aveys hecho.

14 Entonces vinieron à el ciegos y coxos en el Templo, y šanòlos,

15 Mas los principes de los Sacerdotes y los Ešcribas, viendo las maravillas que hazia, y los mochachos acclamãdo en el Templo, y diziendo, Hošanna al Hijo de David, enojaronše,

16 Y dixeronle, Oyes loque eštos^ dizen? Y Iešus les dize, Si, Nunca leyštes, De la boca de los niños, y de losque maman perficionašte el alabança.

17 Y dexandolos, šalioše fuera de la Ciudad à Bethania: y pošó alli.

18 Y por la mañana bolviendo à la Ciudad, tuvo hambre.

19 Y viendo una higuera cerca del camino, vino à ella, y no halló nada en ella, šino hojas šolamente, y dixole, Nunca mas nazca de ti fruto para šiempre, Y luego la higuera še šecó,

20 Entonces viendo ešto los Dišcipulos, maravillados dezian, Como še šecò luego la higuera?

21 Y rešpondiendo Iešus dixoles, De cierto os digo, que ši tuvierdes fe, y no dudardes, no šolo hareys ešto à la higuera, mas ši à ešte monte dixerdes, Quitate y echate en la mar, šerà hecho.

22 Y todo loque pidierdes con oracion creyendo [lo] recibereys,

23 Y como vino al templo, los principes de los Sacerdotes, y los Ancianos del Pueblo, enšeñando el, llegaron à el diziendo,^ Conque autoridad hazes ešto? y quien te diô ešta autoridad?

24 Y rešpondiendo Iešus, dixoles, Yo tambien os preguntaré una palabra: la qual ši me dixerdes, tambien yo os diré con que autoridad haga ešto.

25 El baptišmo de Ioan de donde era? del cielo, ô de los hombres? Ellos entonces penšaron entre ši, diziendo, Si dixeremos Del cielo, dezir nos há, Porqué pues no le creyftes?

26 Y ši dixeremos, De los hõbres, tememos el vulgo: porque todos tienen à Ioan por propheta.

27 Y rešpondiendo à Iešus dixeron, No šabemos. Y el tambien les dixo, Ni yo os diré conÿ autoridad hago ešto.

28 Mas que os parece? un hombre tenia dos hijos, y llegando la primero, dixole, Hijo ve oy à trabajar en mi viña.

29 Y rešpondiendo el, dixo, No quiero. mas dešpues arrepentido, fue.^

30 Y llegãdo al otro dixole de la mišma manera: y rešpondiendo el, dixo, Yo šeñor [voy]. Y no fue.

31 Qual de los dos hizo la voluntad del padre? Dizen ellos, El primero. Dizeles Iešus, De cierto os digo que los publicanos y las rameras os van delante al Reyno de Dios.

32 Porque vino à vošotros Ioan por via de jušticia, y no le creyštes: y los publicanos y las rameras le creyeron: y vošotros viendo [ešto] nûca os arrepentištes para creerle.

33 Oyd otra parabola, Fue un hombre padre de familia, el qual plantó una viña: y cercóla de vallado, y fundó en ella lagar, y edificó torre; y diola à renta à labradores, y partióše lexos.

34 Y quando še acercó el tiempo delos frutos, embió šus šiervos à los labradores, paraque recibieššen šus frutos.

35 Mas los labradores, tomãdo los šiervos, àl uno hirierõ, y àl otro matarõ, y àl otro apedrearõ.

36 Embiò otra vez otros šiervos mas que los primeros: y hizierõ cõ ellos de la mišma manera.

37 Y à la poštre embióles šu hijo diziendo, Tendran rešpeckto à mi hijo.

38 Mas lo labradores, viendo ál hijo, dixeron entre ši, Ešte es el heredero: venid, matemoslo, y tomemos šu heredad.

39 Y tomado, echaronlo fuera de la viña, y mataronlo.

40 Pues quando viniere el šeñor de la viña, ÿ hará à aquellos labradores?

41 Dizenle [ellos]: A los malos deštruyrá malamente, y šu viña dará á renta à otros labradores ÿ le paguen el fruto à šus tiempos.

42 Dizeles Iešus, Nunca leyštes en las Ešcripturas, la piedra, que dešecharon los que edificavan, ešta fue hecha por cabeça de ešquina? Por el Señor es hecho ešto, y es coša maravilloša en nueštros ojos,

43 Portanto os digo, que el Reyno de Dios šerá quitado de vošotros: y šerá dado à gente que haga el fruto del.

44 Y elÿ cayere šobre ešta piedra, šerá ÿbrantado: y šobre quien [ella] cayere, dešmenuzarloha.

45 Y oyendo los principes de los Sacerdodotes, y los Pharišeos, šus parabolas entendieron que hablava de ellos.

46 Y bušcando como echarle mano temieron al pueblo: porque lo tenian por Propheta.

CAPIT. XXII.

Y Reŝpondiendo Ieŝus, bolvióles à hablar en parabolas, diziendo,
2 El Reyno de los cielos es ŝemejante à un hombre Rey, que hizo bodas à ŝu hijo.
3 Y embió ŝus ŝiervos paraÿ llamaŝŝen los llamados à las bodas: mas no quiŝŝieron venir.
4 Bolvió à embiar otros ŝiervos, diziendo, Dezid à los llamados, Heaqui, mi comida he aparejado, mis toros y [animales] engordados ŝõ muertos, y todo eŝtá aparejado: venid à las bodas.
5 Mas ellos no curaron#, y fueronŝe uno à ŝu labrança, y otro à ŝus negocios:
6 Y otros, tomando ŝus ŝiervos affrentaronlos, y mataronlos.
7 Y el Rey, oyendo [eŝto], enojóŝe: y embiando ŝus exercitos, deŝtruyó à aquellos homicidas, y puŝo à fuego ŝu ciudad.
8 Entonces dize à ŝus ŝiervos, las bodas à la verdad eŝtan aparejadas; mas los que eran llamados, no eran dignos.
9 Id pues à las ŝalidas de los caminos, y llamad à las bodas à quantos hallardes.
10 Y ŝaliendo los ŝiervos por los caminos, juntaron todos los ÿ hallaron juntamente malos y buenos: y las bodas fuerõ llenas de cõbidados.
11 Y entró el Rey para ver los cõbidados, y vido alli un hõbre no veŝtido de veŝtido de boda.
12 y dixole, Amigo, como entraŝte acà no teniendo veŝtido de boda? Y à el ŝe le cerró la boca.
13 Entonces el Rey dixo à los que ŝervian, Atado de pies y de manos tomaldo y echaldo en las tinieblas de à fuera: alli ŝerá el lloro y el batimiento de dientes.^
14 Porÿ muchos ŝõ llamados; y pocos Eŝcogidos.
15 Entonces ydos los Phariŝeos, conŝultaron, como lo tomarian en [alguna] palabra.
16 Y embian à el ŝu Diŝcipulos con los de Herodes, diziendo, Maeŝtro, ŝabemos que eres amador de verdad, y que enŝeñas con verdad el camino de Dios: y que no te curas# de nadie: porÿ no tienes accepcion de perŝona de hombres.
17 Di nos pues, que te parece? Es licito dar tributo à Ceŝar, o no?

18 Mas Iešus entendida šu malicia, dize [les], Porqué me tentays hypocritas?
19 Moštrad me la moneda del tributo. Y ellos le moštraron un dinero.
20 Entonces dizeles, Cuya es ešta figura, y loque eštá encima eškripto?
21 [Ellos] le dizẽ, De Cešar, y dizeles, Pagad pues à Cešar lo ÿ es de Cešar: y à Dios, loÿ es de Dios.
22 Y oyendo [ešto], maravillaronše: y dexaronlo, y fueronše.
23 Aquel dia llegaron à el los Sadduceos, que dizen no aver rešurrecion, y preguntaronle,
24 Diziendo: Maeštro, Moyšen dixo, Si alguno muriere šin hijos, šu hermano še caše con šu muger, y dešpertarà šimiente à šu hermano.
25 Fueron pues entre nošotros šiete hermanos: y el primero tomó muger, y murió, y no teniendo generacion, dexó šu muger à šu hermano.
26 De la mišma manera tambien el šegundo, y el tercero, hašta los šiete.
27 Y dešpues de todos murió tãbien la muger.
28 En la rešurrecion pues, cuya de los šiete šerá la muger? porque todos la tuvieron.
29 Entõces rešpondiẽdo Iešus, dixoles, Errays ignorando las eškripturas, y la potencia de Dios.
30 Porque en la rešurrecion ni maridos tomarán mugeres, ni mugeres maridos; mas šon como los Angeles de Dios en el cielo.
31 Y de la rešurrecion de los muertos, no aveys leydo lo ÿ es dicho de Dios à vošotros, que dize,
32 Yo šoy el Dios de Abraham, y el Dios de Išaac, y el Dios de Iacob? Dios, no es Dios de los muertos, mas de los que biven.
33 Y oyendo [ešto] las compañas eštavan fuera de ši de šu docktrina.
34 Entonces los Pharišeos, oyendo ÿ avia cerrado la boca à los Sadduceos, jûtaronše a una:
35 Y preguntó uno dellos, interprete de la Ley, tentandolo, y diziendo,
36 Maeštro, qual es el mandamiento Grande en la Ley?
37 Y Iešus le dixo, Amarás àl Señor tu Dios de todo tu coraçon, y de toda tu alma, y de toda tu mente.
38 Ešte es el Primero y el Grande mãdamiẽto.
39 Y el Segundo es šemejante a ešte: Amarás à tu proximo, como â ti mišmo.
40 De eštos dos mandamientos depende toda la Ley y los prophetas.

41 Y eſtando juntos los Phariſeos, Ieſus les preguntó,

42 Diziendo, Que os parece del Chriſto? Cuyo hijo es? Dizenle [ellos], De David.

43 El les dize, Pues como David en Eſpiritu lo llama Señor, diziendo,

44 Dixo el Señor à mi Señor, aſſientate à mis dieſtras, entretanto que ponto tus enemigos por eſtrado de tus pies?

45 Pues ſi David lo llama Señor, como es ſu hijo?

46 Y nadie le podia reſponder palabra: ni oſó alguno deſde aquel dia preguntarle mas.

CAPIT. XXIII.

Entonces^ IESVS habló à las compañas y à ſus Diſcipulos,

2 Diziendo, Sobre la cathedra de Moyſen ſe aſſentaron los Eſcribas y los Phariſeos:

3 Anſique todo loque os dixeren, que guardeys, guardaldo y hazeldo: mas no hagays conforme à ſus obras: porque dizen y no hazen.

4 Porque atan cargas peſadas, y difficiles de llevar, y ponen [las] ſobre los ombros de los hombres: mas ni aun con ſu dedo las quieren mover.

5 Antes todas ſus obras hazen para ſer mirados de los hombres: porӱ enſanchan ſus philackterias, y eſtienden los fluecos de ſus mantos:

6 Y aman los primeros aſſientos en las cenas, y las primeras ſillas en las ſynogas:

7 Y las ſalutaciones en las plaças, y ſer llamados de los hombres, Rabbi, Rabbi.

8 Mas voſotros, no querays ſer llamados Rabbies, porque uno es vueſtro Maeſtro, el Chriſto: y todos voſotros ſoys hermanos.

9 Y vueſtro Padre no llameys à nadie en la tierra: porӱ uno es vueſtro Padre, el qual eſtá en los cielos.

10 Ni os llameys docktores: porӱ^ uno es vueſtro Docktor, el Chriſto.

11 El que es el mayor de voſotros, ſea vueſtro ſiervo.

12 Porque el que ſe enalteciere, ſerá humillado: Y el que ſe humilláre, ſerá enaltecido.

13 Mas ay de voſotros Eſcribas y Phariſeos, hypocritas: porque cerrays el Reyno de los cielos delante de los hombres: que ni voſotros entrays, ni à los que entran dexays entrar.

14 Ay de vošotros Ešcribas y Pharišeos, hypocritas: porque comeys las cašas de la biudas con color de luenga oracion: por ešto llevareys mas grave juyzio.

15 Ay de vošotros Ešcribas y Pharišeos, hypocritas: porÿ rodeays la mar y la šeca por hazer un convertido: y quando fuere hecho, hazeyslo hijo del quemadero doblado mas ÿ vošotros.

16 Ay de vošotros guias ciegas, ÿ dezis, Qualquiera ÿ juráre por el Templo, es nada: mas qualquiera ÿ juráre por el oro del Tëplo, deudor es.

17 Locos, y ciegos, qual es mayor, el oro, ò el Templo que šancktifica àl oro?

18 Item. Qualquiera que juráre por el altar, es nada: mas qualquiera que juráre por el Prešente que eštá šobre el, deudor es.

19 Locos y ciegos: porque qual es mayor, el Prešente, ò el altar que šancktifica àl Prešente?

20 Pues elque juráre por el altar, jura por el, y por todo loque eštá šobre el.

21 Y elque juráre por el Templo, jura por el, y por el que habita en el.

22 Y elque juráre por el cielo, jura por el throno de Dios, y por el que eštá šentado šobre el.

23 Ay de vošotros Ešcribas y Pharišeos, hypocritas: porque dezmays la menta, y el eneldo, y el comino, y dexaštes loÿ es lo mas grave de la ley, [es á šaber], el juyzio, y la mišericordia y la fe. Ešto era menešter hazer, y no dexar lo otro.

24 Guias ciegas, que colays el moxquito, mas tragays el camello.

25 Ay de vošotros Ešcribas y Pharišeos, hypocritas: porque limpiays loque eštá de fuera del vašo, ò del plato, mas de dentro eštá [todo] lleno de robo y de injušticia.

26 Pharišeo ciego, limpia primero loque eštá dentro del vašo y del plato, paraque tambien lo que eštá fuera še haga limpio.

27 Ay de vošotros Ešcribas y Pharišeos, hypocritas: porque šoys šemejantes, à šepulchros blanqueados: que de fuera, à la verdad, še mueštran hermošos: mas de dentro eštan llenos de hueššos de muertos, y de toda šuziedad.

28 Anši tambien vošotros, de fuera, à la verdad os moštrays juštos à los hombres: mas de dentro, llenos eštays de falšedad y iniquidad.

29 Ay de vošotros Ešcribas y Pharišeos, hypocritas: porÿ edificays los šepulchros de los prophetas, y adornays los monumentos de los juštos.

30 Y dezis, Si fueramos en los dias de nueštros padres, no ovieramos šido šus compañeros en la šangre de los prophetas.
31 Anšique teštimonio days à vošotros mišmos que šoys hijos de aquellos que mataron à los prophetas.
32 Vošotros tambien henchid la medida de vueštros padres.
33 Serpientes, generacion de bivoras, como evitareys el juyzio del quemadero?
34 Portãto heaqui, yo embio à vošotros prophetas, y šabios, y eščribas, y de ellos [unos] matareys y crucificareys: y [otros] deellos açotareys en vueštras šynogas, y peršeguireys de ciudad en ciudad:
35 Paraque venga šobre vošotros toda la šangre jušta que še ha derramado šobre la tierra, dešde la šangre de Abel el jušto hašta la šangre de Zacharias hijo de Barachias, àlqual matašte entre el Templo y el altar.
36 De cierto os digo, que todo ešto vendrá šobre ešta generacion.
37 Ierušalem, Ierušalë, ÿ matas los prophetas, y apedreas à los que šon embiados à ti, quantas vezes quiše juntar tus hijos, como la gallina jûta šus pollos debaxo de las alas, y no quišištes.
38 Heaqui, vueštra Caša os es dexada dešierta.
39 Porque [yo] os digo que dešde aora no me vereys, hašta que digays, Bendito el que viene en el nombre del Señor.

CAPIT. XXIIII.

Y Salido Iešus del Templo, yvaše: y llegaronše šus Dišcipulos para moštrarle^ los edificios del Templo.
2 Y rešpondiendo el, dixoles, Veys todo ešto? Decierto os digo, que no šerà dexada aqui piedra šobre piedra que no še deštruyda.
3 Y šentandoše el en el Monte de las Olivas, llegaronše à el šus Dišcipulos à parte, diziendo, Dinos quando šeràn eštas cošas, y que šeñal [avrà] de tu venida, y de la fin del šiglo.
4 Y rešpondiendo Iešus, dixoles, Mirad que nadie os engañe.
5 Porque vendràn muchos en mi nombre, diziëdo, Yo šoy el Chrišto: y à muchos engañarán.
6 Y oyreys guerras, y rumores de guerras: mirad que no os turbeys: porque es menešter que todo [ešto] acontezca: mas aun no es la fin.
7 Porque še levantarà nacion contra nacion, y reyno contra reyno: y šeràn peštilencias, y hambres, y terremotos por los lugares.

8 Y todas eštas codas, principio de dolores.

9 Entonces os entregaràn para šer affligidos: y mataroshan: y šereys aborrecidos de todas naciones por cauša de mi nombre.

10 Y muchos entonces šeràn ešcandalizados: y entregaršehan unos à otros: y unos à otros še aborreceràn.

11 Y muchos falšos prophetas še levantaràn, y engañaràn à muchos.

12 Y por averše multiplicado la maldad, la charidad de muchos še resfriarà.

13 Mas el que perševerare hašta la fin, ešte šerà šalvo.

14 Y šerà predicado ešte Evangelio del Reyno en toda la [tierra] habitable por teštimonio à todas las naciones, y entonces vendra la fin.

15 Portanto quando vierdes la abominaciõ de aššolamiẽto, ÿ fue dicha por Daniel propheta, ÿ eštarà en el lugar Sãckto, elque lee, entienda.

16 Entonces losque [eštuvieren^] en Iudea, huygã à los montes.

17 Y elque šobre la techumbre, no decienda à tomar algo de šu caša.

18 Y el que en el campo, no buelva otra vez à tomar šus ropas.

19 Mas ay de las preñadas y de las que crian en aquellos dias.

20 Orad pues que vueštra huyda no šea en invierno, ni en dia de šiešta.

21 Porque avrà entonces grãde affliciõ, qual no fue dešde el principio del mûdo hašta aora, ni šerá.^

22 Y ši aquellos dias no fueššẽ acortados, ninguna carne šeria šalva: mas por cauša de los Ešcogidos, aquellos dias šeàn acortados.

23 Entonces ši alguien os dixere, Heaqui eštá el Chrišto, ò alli, no creays.

24 Porque še levãtaràn falšos Chrištos, y falšos prophetas: y daràn šeñales grandes y prodigios: de tal manera que engañaràn, ši es poššible, aun à los Ešcogidos.

25 Heaqui os lo he dicho antes.

26 Anšique ši os dixeren, Heaqui en el dešierto eštà: no šalgays. Heaqui en camaras: no creays.

27 Porque como relampago que šale del Oriẽte, y še mueštra hašta el Occidente anši šerà tãbien la venida del Hijo del hombre.

28 Porque donde quiera que eštuviere el cuerpo muerto, alli še juntaràn las aguilas.

29 Y luego dešpues de la afflicion de aquellos dias, el Sol še ešcurecerà: y la Luna no darà šu lumbre: y las eštrellas caeràn del cielo: Y las virtudes de los cielos šeràn commovidas.

30 Y entonces še moštrarà la šeñal del Hijo del hombre en el cielo, y entonces lamentarán todos los tribus de la tierra, y veràn al Hijo del hombre que vendrà šobre las nuves del cielo con grande poder y gloria.

31 Y embiarà šus Angeles con trompeta y gran boz: y juntarán šus eščogidos de los quatro vientos del un cabo del cielo hašta el otro.

32 [Del arbol] de la higuera aprended: la comparacion. Quando ya šu rama še enternece, y las hojas brotan, šabeys que el veranos [eštá] cerca.

33 Anši tãbien vošotros quando vierdes todas eštas cošas, šabed que eštà cercano, à las puertas.

34 Decierto os digo que no paššarà ešta edad# que todas eštas cošas no acontezcan.

35 El cielo y la tierra pereceran, mas mis palabras no pereceran.

36 Mas del dia ô hora, nadie [lo] šabe ni aun los Angeles de los cielos, šino mi Padre šolo.

37 Mas como los dias de Noe, anši šerà la venida del Hijo del hombre.

38 Porque como eran en los dias del Diluvio comiendo, y beviendo, tomando mugeres [los maridos], y dandolas [los padres] hašta el dia que Noe entró en el arca:

39 Y no conocieron, hašta que vino el Diluvio, y llevó à todos, anši šerà tambien la venida del Hijo del hombre.

40 Entonces eštarán dos en el campo: uno šerà tomado, y otro šerà dexado.

41 Dos [mugeres] moliendo à un molinillo: la una šerà tomada, y la otra šerà dexada.

42 Velad pues, porque no šabeys à que hora hà de venir vueštro šeñor.

43 Ešto empero šabed, que ši el padre de la familia šupiešše à qual vela el ladron avia de venir: velaria, y no dexaria minar šu caša.

44 Portanto tambien vošotros eštad apercebidos: porque el Hijo del hombre há de venir à la hora que no penšays.

45 Quien pues es el šiervo fiel y prudente, al qual el Señor pušo šobre šu familia, paraque de alimento al tiempo?

46 Bienaventurado aquel šiervo, alqual, quando šu šeñor viniere, lo hallare^ haziendo anši.

47 Decierto os digo [que] šobre todos šus bienes lo pondrá.

48 Y ši aquel šiervo malo dixere en šu coraçon, Mi šeñor še tarda de venir.

49 Y començare à herir šus compañeros, y aun à comer y bever con los borrachos:

50 Vendrà el šeñor de aquel šiervo el dia que [el] no ešpera, y à la hora que [el] no šabe.

51 Y apartaloha, y pondrà šu parte con los hypocritas. Alli šerà el lloro, y el batimiento de dientes.

CAPIT. XXV.

Entonces el Reyno de los cielos šerà šemejante à diez virgines, que tomando šus lamparas^ šalieron à recebir al ešpošo.

2 Y las cinco deellas eran prudentes: y las cinco, locas.

3 Las que eran locas, tomando šus lamparas, no tomaron azeyte conšigo.

4 Mas las prudentes tomaron azeyte en šus vašos juntamente con šus lamparas.

5 Y tardandoše el ešpošo, cabecearon todas, y durmieronše.

6 Y à la media noche fue oydo un clamor, ÿ dezia: Heaqui, el ešpošo viene: šalildo à recebir.

7 Entonces todas aquellas virgines še levantaron, y adereçaron šus lamparas.

8 Y las locas dixeron à las prudentes, Dadnos de vueštro azeyte: porque nueštras lamparas še apagan.

9 Mas las prudentes rešpondieron, diziendo, Porque no nos falte à nošotras y à vošotras, yd ãtes à losque venden, y comprad para vošotras.

10 Y ydas ellas à comprar, vino el ešpošo: y las que eštavan apercebidas, entraron con el à las bodas: y cerròše la puerta.

11 Y dešpues vinieron tambien las otras virgines, diziendo, Señor, Señor, abrenos,

12 Mas rešpondiendo el, dixo, De cierto os digo,^ [que] no os conozco.

13 Velad pues, porque no šabeys el dia ni la hora, en la qual el Hijo del hombre há de venir.

14 Porque [el Reyno de los cielos es] como un hombre que partiendoše lexos llamó à šus šiervos, y entregôles šus bienes.

15 Y à ešte dió cinco talentos, y al otro dos, y al otro uno: à cada uno conforme à šu facultad, y partióše lexos.

16 Y partido el, el que avia recebido cinco talẽtos, granjeó con ellos, y hizo otros cinco talentos.

17 Semejantemente tambien el que avia recebido dos, ganó tambien el otros dos.

18 Mas el que avia recebido uno, fue y enterro[lo] en tierra, y eščondió el dinero de šu šeñor.

19 Y dešpues de mucho tiempo vino el šeñor de aquellos šiervos, y hizo cuentas con ellos.

20 Y llegando el que avia recebido cinco talentos, truxo otros cinco talentos, diziendo, Señor, cinco talentos me entregašte, heaqui otros cinco talentos hé ganado con ellos.

21 Y šu šeñor le dixo, bien [eštá] buen šiervo y fiel, šobre poco has šido fiel: šobre mucho te pondré: entra en el gozo de tu šeñor.

22 Y llegando tambien el que avia recebido dos talentos dixo: Señor, dos talentos me entregašte, heaqui otros dos talentos hé ganado šobre ellos.

23 Su šeñor le dixo, bien [es~tá] buen šiervo y fiel,^ šobre poco has šido fiel, šobre mucho te pondré: entra en el gozo de tu šeñor.

24 Y llegando tambien el que avia recebido un talento, dixo, Señor, yo te conocia que eres hõbre duro, que šiegas donde no šembrašte, y coges donde no derramašte.

25 Portãto uve miedo, y fue y ešcõdi tu talento en tierra; heaqui tienes loque es tuyo.

26 Y rešpondiendo šu šeñor dixole, Mal šiervo y negligente, šabias que šiego donde no šembré, y que coxgo donde no derramé.

27 Por tanto te convenia^ dar mi dinero à los vanqueros: y viniendo y recibiera loque es mio con ušura.

28 Quitalde pues el talento, y daldo al que tiene diez talentos.

29 Porque à qualquiera que tuviere le šerá dado, y tendrà mas: y alque no tuviere, aun lo que tiene le šerá quitado.

30 Y al šiervo inutil echaldo en las tinieblas de à fuera: alli šerá el lloro, y el batimiento de dientes.

31 Y quando el Hijo del hombre vendrá en šu gloria, y todos los šancktos angeles con el, entonces še šentará šobre el throno de šu gloria.

32 Y šerán juntadas delante deel todas las gentes: y apartarloshá los unos de los otros, como aparta el paštor las ovejas de los cabritos.

33 Y pondrà las ovejas à šu derecha, y los cabritos à la yzquierda.

34 Entonces el Rey dirá à los que [eštaran] à šu derecha, Venid benditos de mi Padre,^ poššeed el Reyno aparejado para vošotros dešde la fundacion del mundo.

35 Porque tuve hambre, y dištes me de comer: tuve šed, y dištešme de bever: fue huešped, y recogitesme.

36 Dešnudo, y cubrištešme: enfermo, y višitaštešme^: eštuve en la carcel, y veništes `ami.

37 Entonces los juštos le rešponderán, diziendo, Señor, quando te vimos hãbriento, y te šuštentamos? o šediento, y te dimos de bever?

38 Y quando te vimos huešped, y te recogimos? o dešnudo, y te cubrimos?

39 O quando te vimos enfermo, ô en la carcel, y venimos à ti?

40 Y rešpondiendo el Rey, dezirleshá, De cierto os digo que en quanto [lo] hezištes à uno deeštos mis hermanos pequeñitos, à mi [lo] hezištes.

41 Entonces dira tãbien à los ÿ [eštarán} à la yzquierda, Yd os de mi malditos al fuego eterno ÿ eštá aparejado para el diablo y šus angeles.

42 Porque tuve hambre, y no me dištes de comer: tuve šed, y no me dištes de bever.

43 Fue huešped, y no me recogištes: dešnudo, y no me cubrištes, enfermo, y en la carcel [eštuve}, y no me višitaštes.

44 Entonces tambien ellos le rešponderan diziendo, Señor, quando te vimos hambriento, ó šediento, ô huešped, ô dešnudo, ô enfermo, ô en la carcel, y no te šervimos?

45 Entonces rešponderleshá, diziendo, De cierto os digo [que] en quanto no [lo] hezištes à uno de eštos pequeñitos, ni à mi [lo] hezištes.

46 Y iran eštos al tormento eterno, y los juštos à la vida eterna.

CAPIT. XXVI.

Y Aconteció que como uvo acabado Iešus todas eštas palabras, dixo á šus Dišcipulos,

2 Sabeys que dentro de dos dias še haze la Pašcua: y el Hijo del hombre es entregado para šer crucificado.

3 Entõces los principes de los Sacerdotes, y los Eścribas y los Ancianos del Pueblo ŝe juntarõ al patio del Põtifice, el qual ŝe llamava Caiphas.

4 Y tuvieron conŝejo para prender por engaño à Ieŝus, y matar [lo].

5 Y dezian, No en dia de fieŝta: porque no ŝe haga alboroto en el pueblo.

6 Y eŝtando Ieŝus en Bethania en caŝa de Simon el leproŝo.

7 Vino á el una muger con un [vaŝo de] alabaŝtro de unguento de gran precio, y derramôlo ŝobre la cabeça deel eŝtando ŝentado à la meŝa.

8 Lo qual viendo ŝus Diŝcipulos, enojaronŝe, diziendo, Porqué ŝe pierde eŝto?

9 Porqué eŝte unguento ŝe podia ^ vender por gran precio, y darŝe à los pobres.

10 Y entendiendo [lo] Ieŝus, dixoles, Porÿ days pena à [es~ta] muger ÿ me ha hecho buena obra.

11 Porque ŝiempre tendreys pobres con voŝotros, mas à mi no ŝiempre me tendreys.

12 Porque echando eŝte unguento ŝobre mi cuerpo, para ŝepultarme [lo] ha hecho.

13 De cierto os digo [ÿ] donde quiera ÿ eŝte Evãgelio fuere predicado en todo el mundo, tãbiẽ ŝerá dicho para memoria de ella lo ÿ eŝta ha hecho.

14 Entonces uno de los doze, que ŝe llamava Iudas Iŝcariota, fue à los principes de los Sacerdotes,

15 Y dixoles, Que me quereys dar, y yo os lo entregaré? y ellos le ŝeñalaron treynta [pieças] de plata.

16 Y deŝde entonces buŝcava oportunidad para entregarlo.

17 Y el primer [dia de la fieŝta] de los [panes] ŝin levadura vinieron los Diŝcipulos à Ieŝus diziẽdole, Donde quieres que te aderecemos para comer [el cordero de] la Paŝcua?

18 Y el dixo, Id à la Ciudad à uno, y dezilde, El Maeŝtro dize, Mi tiempo eŝtá cerca: en tu caŝa haré la paŝcua con mis Diŝcipulos.

19 Y los Diŝcipulos hizieron como Ieŝus les mandó, y adereçaron la Paŝcua.

20 Y como fue la tarde del dia, ŝentóŝe à la meŝa con los doze.

21 Y comiendo ellos, dixo, De cierto os digo, que uno de voŝotros me ha de entregar.

22 Y [ellos] entriŝtecidos en gran manera comëçó cada uno de ellos à dezir, Soy yo Señor?

23 Entonces el reŝpondiendo, dixo, Elque mete la mano conmigo en el plato, eŝte me ha de entregar.

24 A la verdad el Hijo del hombre vá, como eŝtá eŝcripto deel: mas ay de aquel hombre por quien el Hijo del hombre es entregado. bueno le fuera al tal hombre no aver nacido.

25 Entonces reŝpondiendo Iudas, que lo entregava, dixo, Soy yo quiça Maeŝtro? Dizele, Tu [lo] has dicho.

26 Y comiëdo ellos, tomó Ieŝus el pã, y aviëdo hecho gracias, partió [lo], y dió à ŝus Diŝcipulos, y dixo, Tomad, comed: eŝto es mi cuerpo.

27 Y tomando el vaŝo, y hechas gracias, dióles diziendo, beved deel todos.

28 Porque eŝto es mi ŝangre del Nuevo teŝtamento, la qual es derramada por muchos para remiŝŝion de los peccados.

29 Y digo os [que] deŝde aora no beveré mas de eŝte fruto de vid, haŝta aquel dia, quando lo tengo de bever nuevo con voŝotros en el Reyno de mi Padre.

30 Y quando ovieron dicho el hymno, ŝalieron àl monte de las Olivas.

31 Entonces Ieŝus les dize, Todos voŝotros ŝereys eŝcãdalizados e mi eŝta noche. porque eŝcripto eŝtá, Heriré àl paŝtor, y las ovejas de la manada ŝerán derramadas.

32 Mas deŝque aya reŝuŝcitado, eŝperaroshé en Galilea.

33 Y reŝpondiendo Pedro, dixole, Aunque todos ŝean eŝcandalizados en ti, yo nunca ŝeré eŝcandalizado.

34 Ieŝus le dize, De cierto te digo ÿ eŝta noche, antes ÿ el gallo cante, me negarás tres vezes.

35 Dizele Pedro, Aunÿ me ŝe meneŝter morir contigo, no te negaré. y todos los Diŝcipulos dixeron lo miŝmo.

36 Entonces llegó Ieŝus con ellos ál aldea, que ŝe llama Gethŝemane. y dize à ŝus Diŝcipulos: Sentaos aqui, haŝta que vaya alli y ore.

37 Y tomando â Pedro, y à los dos hijos de Zebedeo, comëçó à entriŝteceŕŝe y à anguŝtiarŝe en gran manera.

38 Entõces Ieŝus les dize, Mi alma eŝtá muy triŝte haŝta la muerte: ÿdaos aqui, y velad conmigo.

39 Y yendoŝe un poco mas adelante, proŝtróŝe ŝobre ŝu faz orando, y diziendo; Padre mio, ŝi es poŝŝible, paŝŝe de mi eŝte vaŝo: empero no como yo quiero, mas como tu.

40 Y vino à šus Dišcipulos, y hallólos durmiendo; y dixo à Pedro, No aveys podido velar conmigo una hora?

41 Velad y orad, paraque no entreys en tentacion: el ešpiritu à la verdad eštá prešto mas la carne enferma.

42 Otra vez fué, šegunda vez, y oró diziendo, Padre mio, ši no puede ešte vašo paššar de mi šin que [yo] lo beva, hagaše tu voluntad.

43 Y vino, y hallolos otra vez durmiendo: ÿ los ojos de ellos eran agravados:

44 Y dexandolos, fué otra vez, y oró, tercera vez, diziendo las mišmas palabras.

45 Entonces vino à šus Dišcipulos, y dizeles,^ Dormid yá, y dešcanšad, heaqui há llegado el que me há entregado.

47 Y hablando aun el, heaqui Iudas, uno de los doze, vino, y con el mucha compaña con ešpadas y baštones de parte de los principes de los Sacerdotes, y de los Ancianos del Pueblo.

48 Y elque lo entregava les avia dado šeñal, diziendo, Al que yo bešáre, aquel,^ es prendeldo.^

49 Y luego que llegó à Iešus, dixo, Ayas gozo, Maeštro, y bešólo.

50 Y Iešus le dixo, Amigo à que vienes? Entonces llegaron, y echaron mano à Iešus, y prendieronlo.

51 Y heaqui uno de los que [eštavan] con Iešus, ebtendiendo la mano šacò šu cuchillo, y hiriendo à un šiervo del Pontifice, quitole una oreja.

52 Entonces Iešus le dize, Buelve tu cuchillo à šu lugar: porque todos losque tomáren cuchillo à cuchillo moriràn.

53 O piěšas que no puedo aora orar à mi Padre, y el me daria mas de doze legiones de Angeles.

54 Como pues še cumplirian las Eščripturas [de] que anši conviene que šea hecho?

55 En aquella hora dixo Iešus à las Compañas: Como à ladron aveys šalido con ešpadas y cõ baštones à prenderme: cada dia me šentava con vošotros enšeñando en el Templo, y no me prědištes.

56 Mas todo ešto še haze paraque še cumplã las Eščripturas de los prophetas. Entonces todos los Dišcipulos huyeron dexandolo.

57 Y ellos, prendido Iešus, truxeronlo à Caiphas šummo Pontifice, donde los Eščribas y los Ancianos eštavan juntos.

58 Mas Pedro lo šeguia de lexos hašta el patio del šummo Pontifice: y entrado dentro, eštavaše šentado con los criados, para ver el fin.

59 Y los Principes^ de los Sacerdotes, y los Ancianos, y todo el ayuntamiento, bušcavan [algun] falšo teštimonio contra Iešus, para entregarlo á la muerte.

60 Y no hallavan: aunque muchos teštigos falšos še llegavan, no hallaron. mas à la poštre vinieron dos teštigos falšos.

61 Que dixeron, Ešte dixo, Puedo derribar el Templo de Dios, y reedificarlo en tres dias.

62 Y levantandoše el šummo Pontifice dixole, No rešpondes nada? Que teštifican eštos contra ti?

63 Mas Iešus callava. Y rešpondiendo el šummo Pontifice, dixole, Conjurote por el Dios Biviente, que nos digas, ši eres tu el Chrišto^ hijo de Dios.

64 Iešus le dize, Tu [lo] has dicho. Y aun os digo, que dešde aora aveys de ver al Hijo del hombre aššentado à la dieštra de la potencia [de Dios], y ÿ viene en las nuves del cielo.

65 Entonces el šummo Pontifice rompió šus veštidos, diziendo, Blašphemado ha: que mas neceššidad tenemos de teštigos? heaqui aora aveys oydo šu blašphemia.

66 Que os parece? Y rešpondiendo ellos dixeron, Culpado es de muerte

67 Entõces le eščupieron en šu roštro, y dierõle de bofetadas, y otros lo heriã cõ moxicones.

68 Diziendo, Prophetizanos^, ò Chrišto, quien es el que te há herido.

69 Y Pedro eštava šëtado fuera en el patio: Y llegóše à el una criada diziendo, Y tu con Iešus el Galileo eštavas.

70 Mas el negó delante de todos diziëdo, No šé loque dizes.

71 Y šaliendo à la puerta, vidolo otra, y dixo à los que eštavan alli: Tambien ešte eštava con Iešus Nazareno.

72 Y negó otra vez con juramento, [diziendo] No conozco à [ešše] hombre.

73 Y dešde à un poco llegaron losÿ šervian, y dixeron à Pedro, Verdaderamente tambien tu eres de ellos: porÿ aû tu habla te haze manifiešto.

74 Entonces començó à anathematizarše,# y à jurar [diziendo], No conozco à [ešše] hombre. Y el gallo cantó luego.

75 Y acordóše Pedro de las palabras de Iešus, que le dixo, Antes que cante el gallo me negaràs tres vezes. y šaliendo še fuera, lloró amargamëte.

CAPIT. XXVII.

Y Venida la mañana entraron en conšejo todos los principes de los Sacerdotes, y los Ancianos del pueblo contra Iešus, para entregarlo à muerte.

2 Y truxeronlo atado, y entregaronlo à Poncio Pilato prešidente.

3 Entonces Iudas, el que lo avia entregado, viendo que era condenado bolvió arrepentido las treynta [pieças] de plata à los principes de los šacerdotes, y à los Ancianos,^

4 Diziendo, [Yo] he peccado entregando la šangre innocente. Mas ellos dixeron: Que [še nos dá] à nošotros? Vieras lo tu.

5 Y arrojando las [pieças de] plata al Templo, partióše, y fué, y ahorcóše.

6 Y los principes de los Sacerdotes, tomando [las pieças] de plata, dixerõ, No es licito echarlas en el arca de la limošna, porÿ es precio de šangre.

7 Mas avido cõšejo, compraron de ellas el cãpo del Ollero, por šepultura para los eštrangeros.

8 Por loqual fue llamado aquel campo Haceldema [Campo de šangre] hašta el dia de oy.

9 Entonces še cumplió loque fué dicho por el propheta Ieremias, que dixo, Y tomaron las treynta [pieças] de plata, precio del apreciado, ÿ fué apreciado por los hijos de Išrael:

10 Y dieronlas para comprar el campo del Ollero, como me ordenò el Señor.

11 Y Iešus eštuvo delante del Prešidente, y el Prešidente le preguntò diziendo: Eres tu el Rey de los Iudios? Y Iešus le dixo, Tu [lo] dizes.

12 Y šiendo accušado por los principes de los Sacerdotes, y por los Ancianos, nada rešpondió.

13 Pilato entonces le dize, No oyes quantas cošas teštifican contra ti?

14 Y no le rešpondió ni una palabra de tal manera que el Prešidente še maravillava mucho.

15 Y en el dia de la fiešta acoštumbrava el Prešidẽte šoltar al pueblo un prešo qual quišieššẽ.

16 Y tenian entonces un prešo famošo, que še dezia Barabbas.

17 Y juntos ellos, dixoles Pilato, Qual quereys ÿ os šuelte, à Barabbas, ô á Iešus, ÿ še dize el Chrišto?

18 Porÿ šabia ÿ por embidia lo aviã entregado.

19 Y eštando el šentado en el tribunal, šu muger embió à el diziendo, No tengas que ver con aquel jušto: porque oy he padecido muchas cošas en šueños por caušа de el.

20 Mas los principes de los Sacerdotes, y los Ancianos, peršuadieron al pueblo, que pidiešše à Barabbas, y à Iešus matašše.

21 Y rešpondiendo el Prešidente dixoles, Qual de los dos quereys que os šuelte? Y ellos dixeron,^ A Barabbas.

22 Pilato les dixo, Que pues haré de Iešus que še dize el Chrišto? Dizenle todos, Sea crucificado.

23 Y el Prešidente les dixo, Pues que mal há hecho? Mas ellos gritavan mas diziendo, Sea crucificado.

24 Y viendo Pilato ÿ nada aprovechava, antes še hazia mas alboroto, tomãdo agua lavó šus manos delante del pueblo diziendo, innocente šoy yo de la šangre de ešte jušto: veldo vošotros.

25 Y rešpondiendo todo el pueblo, dixo šu šangre [šea] šobre nošotros, y šobre nueštros hijos,

26 Entonces šoltóles à Barabbas: y aviendo açotado à Iešus entregòlo para šer crucificado.

27 Entonces los šoldados del Prešidente tomando à IESVS al audiencia, juntaron à el toda la quadrilla.

28 Y dešnudandolo, cercaronlo de un manto de grana,

29 Y pušierõ šobre šu cabeça una corona texida de ešpinas, y una caña en šu mano derecha: y hincãdo la rodilla delante del burlavan deel diziendo, Ayas gozo Rey de los Iudios.

30 Y eščupiendo en el, tomaron la caña, y herian en šu cabeça.

31 Y dešÿ lo ovieron eščarnecido, dešnudaronle el manto, y veštieronlo de šus veštidos, y llevaronlo para crucificarlo.

32 Y šaliẽdo, hallarõ à uno Cyreneo, ÿ še llamava Simõ: à ešte cargarõ paraÿ llevašše šu cruz.

33 Y como llegarõ àl lugar que še llama Golgotha, que es dicho El lugar de la Calavera,

34 Dieronle à bever vinagre mezclado con hiel: y guštando, no quišo beverlo.

35 Y Dešÿ lo ovierõ crucificado, repartierõ šus veštidos echando šuertes: paraÿ še cumpliešše loÿ fué dicho por el Propheta, Repartieronše mis veštidos, y šobre mi ropa echaron šuertes.

36 Y guardavanlo šentados alli.

37 Y pušieron šobre šu cabeça šu caušа ešcripta, ESTE ES IESVS EL REY DE LOS IVDIOS.

38 Entonces crucificaron con el dos ladrones: uno à la derecha, y otro à la yzquierda.

39 Y los que paššavan, le dezian injurias meneando šus cabeças,

40 Y diziendo, tu, elque derribas el Templo [de Dios], y en tres dias [lo] reedificas, šalvate à ti mišmo. Si eres Hijo de Dios, deciende de la cruz.

41 Dešte manera tambien los principes de los Sacerdotes eščarneciendo, con los Ešcribas, y los Pharišeos, y los Ancianos, dezian.

42 A otros šalvó, à ši no še puede šalvar. Si es el Rey de Išrael, decienda aora de la cruz, y creeremos, à el.

43 Confia en Dios, librelo aora ši lo quiere: porque hà dicho, Soy Hijo de Dios.

44 Lo mišmo tambien le çaherian los ladrones, que eštavan crucificados con el.

45 Y dešde la hora de la šeys fuerõ tinieblas šobre toda la tierra hašta la hora de las nueve.

46 Y cerca de la hora de las nueve Iešus exclamó con gran Boz, diziendo, Eli, Eli, lama šabachthani? ešto es, Dios mio, Dios mio, porque me has dešamparado?

47 Y algunos de lošque eštavan alli, oyendolo, dezian, A Elias llama ešte.

48 Y luego corriendo uno deellos tomó una ešponja, y hinchióla de vinagre, y poniendola en una caña, davale paraque beviešše.

49 Y los otros dezian, Dexa, veamos ši vendrá Elias à librarlo.

50 Mas Iešus aviendo otra vez exclamado con gran boz, diò el Ešpiritu.

51 Y heaqui, el velo del Templo še rompiò en dos, de alto à baxo: y la tierra še movió, y las piedras še hendieron.

52 Y los šepulchros še abrieron. y muchos cuerpos de Sancktos, que aviã dormido še levãtarõ.

53 Y šalidos de los Sepulchros, dešpues de šu rešurreccion, vinieron à la Sanckta Ciudad, y apparecieron à muchos.

54 Y el Centurion, y losque eštavan con el guardando à Iešus, višto el terremoto, y las cošas ÿ avian šido hechas, temieron en gran manera diziendo, Verdaderamente Hijo de Dios era ešte.

55 Y eštavan alli muchas mugeres mirando de lexos, las quales avian šeguido de Galilea à Iešus širviendole.

56 Entre las quales era Maria Magdalena, y Maria de Iacobo, y la madre de Iofe, y la madre de los hijos de Zebedeo.

57 Y como fue la tarde del dia, vino un hombre rico de Arimathia llamado Iošeph el qual tambien avia šido Dišcipulo de Iešus.

58 Ešte llegó à Pilato, y pidiò el cuerpo de Iešus. Entonces Pilato mandò que el cuerpo še [le] diešše.

59 Y tomando Iošeph el cuerpo, embolviólo en una šavana limpia:

60 Y pušolo en un šepulchro šuyo nuevo ÿ avia labrado en peña. Y rebuelta una grande piedra à la puerta del šepulchro, fueše.

61 Y eštavan alli Maria Magdalena, y la otra Maria, šentadas delante del Sepulchro.

62 Y el šiguiente dia, ÿ es el šegundo dia de la preparacion [de la Paščua], juntaronše los principes de los Sacerdotes y los Pharišeos à Pilato.

63 Diziendo, Señor, acordamosnos que aquel engañador^ dixo biviẽdo aun, Dešpues del tercero dia rešušcitaré.

64 Manda pues fortificar el šepulchro hašta el dia tercero: porÿ no vengã šus Dišcipulos de noche, y lo hurtẽ, y digã al Pueblo, Rešušcitò de los muertos: Y šerá el poštrer error peor ÿ el primero.

65 Dizeles Pilato,^ la guarda teneys: id, fortificad como entendeys.

66 Y yendo ellos, fortificaron el šepulchro con guarda, šellando la piedra.

CAPIT. XXVIII.

Y La višpera de los Sabbados ÿ amanece para el primero de los Sabbados vino Maria Magdalena, y la otra Maria à ver el šepulchro.

2 Y heaqui, fue hecho un gran terremoto: porque el Angel del Señor decendiendo del cielo y llegando, avia rebuelto la piedra de la puerta [del sepulchro], y eštava šentado šobre ella.

3 Y šu ašpeckto era como un relampago: y šu veštido, blanco como la nieve.

4 Y del miedo deel las guardas fueron aššombradas, y fueron bueltos como muertos.

5 Y reſpondiendo el Angel, dixo á las mugeres, No temays voſotras, porque [yo] ſé que buſcays à Ieſus [el que fue] crucificado.

6 No eſtá aqui: porÿ ha reſuſcitado, como dixo. Venid, ved el lugar donde fue pueſto el Señor.

7 Y preſto id, Dezid à ſus Diſcipulos, que ha reſuſcitado de los muertos: y heaqui os eſpera en Galilea, alli lo vereys: heaqui os lo he dicho.

8 Entonces [ellas] ſaliendo del ſepulchro con temor y gran gozo, fueron corriendo à dar las nuevas à ſus Diſcipulos.^ Y yendo á dar las nuevas à ſus Diſcipulos,

9 Heaqui Ieſus les ſale al encuentro, diziendo, Ayays gozo, Y ellas llegaron, y travaron de ſus pies, y adoraronlo.

10 Entonces Ieſus les dize, No temays, id, dad las nuevas^ à mis hermanos, que vayan à Galilea, y alla me verán.

11 Y yẽdo ellas, heaqui unos de la guarda vinierõ à la Ciudad, y dierõ aviſo à los principes de los Sacerdotes de todas las coſas ÿ aviã acontecido.

12 Y juntados con los Ancianos, avido conſejo, dieron mucho dinero à los ſoldados,

13 Diziendo: Dezid, Sus Diſcipulos vinieron de noche, y lo hurtaron, durmiendo noſotros.

14 Y ſi eſto fuere oydo del Preſidente noſotros lo perſuadiremos, y hazeros hemos ſeguros.

15 Y ellos, tomado el dinero, hizieron como eſtavã inſtruydos: y eſte dicho fue divulgado entre los Iudios haſta el dia de oy.

16 Mas los onze Diſcipulos ſe fueron à Galilea, al monte, donde Ieſus les avia ordenado.

17 Y como lo vieron, adoraronlo: mas algunos dudavan.

18 Y llegando Ieſus, hablôles, diziendo, Toda poteſtad me es dada en el cielo y en la tierra.

19 Portanto id, enſeñad à todas las gentes; baptizandolos en el nombre del Padre, y del Hijo, y del Eſpiritu ſanckto:

20 Enſeñandoles que guarden todas las coſas que os hé mandado: y heaqui yo eſtoy con voſotros todos los dias haſta la fin del ſiglo Amen.

Also from Benediction Books ...
Wandering Between Two Worlds: Essays on Faith and Art
Anita Mathias
Benediction Books, 2007
152 pages
ISBN: 0955373700

Available from www.amazon.com, www.amazon.co.uk

In these wide-ranging lyrical essays, Anita Mathias writes, in lush, lovely prose, of her naughty Catholic childhood in Jamshedpur, India; her large, eccentric family in Mangalore, a sea-coast town converted by the Portuguese in the sixteenth century; her rebellion and atheism as a teenager in her Himalayan boarding school, run by German missionary nuns, St. Mary's Convent, Nainital; and her abrupt religious conversion after which she entered Mother Teresa's convent in Calcutta as a novice. Later rich, elegant essays explore the dualities of her life as a writer, mother, and Christian in the United States--Domesticity and Art, Writing and Prayer, and the experience of being "an alien and stranger" as an immigrant in America, sensing the need for roots.

About the Author

Anita Mathias was born in India, has a B.A. and M.A. in English from Somerville College, Oxford University and an M.A. in Creative Writing from the Ohio State University. Her essays have been published in The Washington Post, The London Magazine, The Virginia Quarterly Review, Commonweal, Notre Dame Magazine, America, The Christian Century, Religion Online, The Southwest Review, Contemporary Literary Criticism, New Letters, The Journal, and two of HarperSanFrancisco's The Best Spiritual Writing anthologies. Her non-fiction has won fellowships from The National Endowment for the Arts; The Minnesota State Arts Board; The Jerome Foundation, The Vermont Studio Center; The Virginia Centre for the Creative Arts, and the First Prize for the Best General Interest Article from the Catholic Press Association of the United States and Canada. Anita has taught Creative Writing at the College of William and Mary, and now lives and writes in Oxford, England.

www.anitamathias.com,
christiancogitations.blogspot.com
wanderingbetweentwoworlds.blogspot.com

www.ingramcontent.com/pod-product-compliance
Ingram Content Group UK Ltd.
Pitfield, Milton Keynes, MK11 3LW, UK
UKHW041920190726
13854UKWH00003B/1346

9 781849 027311